急いてはいけない

加速する時代の「知性」とは

イビチャ・オシム *Ivica Osim*

訳・田村修一 *Shuichi Tamura*

ベスト新書
519

はじめに

本書は日本の皆さんから、イビチャ・オシムに聞いてみたいことを募り、オシムがその質問に答える、という形の企画としてはじまった。

質問の内容はサッカーに限らない。仕事でも恋愛でも生き方でも何でもいい。毎日を生きるうえで、人生を生きるうえで直面しているさまざまな問題や、今日の日本社会を覆い尽くしている閉塞感の中で、希望を見いだそうとしている人々の悩みに、オシムなら応えられるのではないかという思いがあった。

実際に、オシムがこれまで語ってきたのは、サッカーといういちスポーツを越えて、人が生きることの意味や、幸福とは何か、コレクト（正しい、適切である）とはどういうことかなど、人生の真実でもあった。そのシンプルで力強く、本質を的確につく言葉に、われわれは幾度となく勇気づけられた。

オシムなら、必ず何かを与えてくれる。その確信こそが、この企画の原点であった。ただ、数回にわたった対話で、オシムはこちらが用意した質問には直接答えなかった。手渡された質問表をじっと見入ると、しばらく考え込む。そしておもむろに話し出す。いったん話し始めると、こちらが何を言っても止まらない。すべてを語り尽くすまで、彼の独壇場が続く。

だが、語り終えたときに、発した言葉はトータルな形で質問への答えになっている。それもこちらが想像したよりも、はるかに深い意味を持って。その意外性こそがオシム流であり、オシムは今回も期待を裏切らなかった。

恐らくオシムはこう言いたいのだろう。何を、どう考えるべきか。それさえ明確に意識できれば、答えはすでに出ている。あとは具体的にどうすればいいかだけだ。そして日本人には、筋道を立ててモノゴトを考えられる思慮深さがある。だから勇気を持って、そして自分に自信を持って、力強く一歩を踏み出して欲しいと。

以下に皆さんから寄せられた質問を掲載する。それを踏まえたうえで、オシムが語りかける言葉の一つひとつを、存分に味わって欲しい。その言葉が皆さんの心に響くだけでなく、皆さんの背中を後押しする触媒になることを、彼は心から願っている。

田村修一（訳者）

〈質問一覧〉

☑ジェフ（ユナイテッド市原・千葉）のときに試合前のミーティングで「この試合はこういう展開で進んでいく」のようなことを話したときに、そのゲームプラン通りにいく試合が多々あった。予測はしていたとは思いますが、試合をどんなふうに見ていたのかを教えてください。

先を見据えて、今後の日本のサッカーを含め世界のサッカーがどんなふうに変わっていくのか、ご意見を聞きたい。（35歳・サッカー選手／阿部勇樹）

☑『昔のプレースタイルを追い求めるのを止め、新しいプレースタイルを確立した方がいいのでしょうか？』

ここ数年、自分のパフォーマンスが上がりません。以前のような強引な突破からのクロス、ドリブル、シュートに自信を持てないため、理想とするプレーとは違う選択をしてしまいます。

あの頃のプレースタイルを取り戻すために、アジリティやクイックネスのトレーニングに多くの時間を費やしているのですが、なかなか思う通りになっていないのが現状です。

昔のようなプレースタイルを追い求めるのを止め、新しいプレースタイルを確立した方がいいのでしょうか？

私は悩んでいます。

オシムさん、あなたにもう一度会いたいです。しかし、今の自分のプレーでは会わせる顔もないです。自分が納得できるプレーができるよう今まで以上に努めます。いつの日か胸を張ってあなたに会えるように。（31歳・サッカー選手／水野晃樹）

☑オシムさんへの質問はいつも難しいです。聞きたいことはたくさんあるのに、変な質問はできない、というプレッシャーがあります。

それで、ずっと知りたかったこと……、きっと教えてくれないだろうけど、質問をしてみます。オシムさんはいつもカバンを持ち歩いていたんですけど、何が入っていたのでしょうか。ジェフのときも、代表のときも持ち歩いていた、ハンディサイズの黒い、角がピシッとしたカバンです。きっと、相手のデータや僕たちのデータが書いてある資料が入っていたのかなと想像するのですが。

　オシムさんはメモをするくらいなら、頭に入れろと常々言われていました。だから、メモではないのかな、とも思っています。この言葉に関してよく覚えていることがあります。S級ライセンスの講義がジェフのグラウンドで開催され、オシムさんが講義をしていたときのことです。横でオシムさんが言うことを聞いていたのですけど、指導を受けている人たち——今は、Jリーグで監督をされている人が何人もいたのですが——が、その話をメモに取ろうとしたら、「まず、そんなことは必要ない、君たちは練習場でいちいちメモを持って選手に指導するのか」と言われていました。そして「頭で覚えろ」と。

　オシムさんに出会って僕は言葉の重要性を知りました。そして、すべての行動にメッセージが込められていることに気付きました。若いうちに、出会えたことを感謝します。（34歳・サッカー選手／佐藤勇人）

〼オシムさんに出会うまで僕は、どちらかというと、安定した道を進めればいいかな、という思いがありました。そこそこできていればいいかな、と言うような。

そんなとき、オシムさんがジェフにやってきていきなり「お前たちは、Jリーグで中間の順位にいるくらいが一番ラクなんだろう」と言われた。「もっと野心を持って上を目指し、個人としても上を目指さなければいけない」と。

それから、そこそこでいいと思っていた僕が、野心を持ってあえて苦しい道を選ぶ、ということができるようになった。

その野心は、自分の中に刷り込まれるほどの言葉にまでなりました。でも、同時に今、歳を重ねてきてこれからどうなるんだろう、という不安がある中で、ここからの「野心」とはどういうものなのか、聞いてみたいです。

一番好きなサッカーを仕事にしてきてしまったから、この次、僕は何に野心を注いでいけばいいのか。本当の野心というのはこの先、何になるのか。これは、サッカー選手としてのキャリアもそうだし、セカンドキャリアもそうです。

あと僕は身体が小さいことがずっとコンプレックスでした。でもだからこそ、やらなきゃいけないという危機感を持ってやってこれたんですけど、一方でここで失敗したらどうしようという、怖さがつねにあったんです。オシムさんがテレビのＣＭで「恐れることを恐れるな」とおっしゃっていたんですけど、あれってどういう意味なんでしょうか。本当の意味、そのヒントでもいいから教えてほしいです。（36歳・サッカー選手／羽生直剛）

☑僕らに何を期待し、どうなって欲しかったのか。そして僕らを指導するのは楽しかったですか？　（35歳・サッカー選手／中村憲剛）

☑オシムさんとお会いしてから少し大人になりました。今後、長い期間プレーしていくのに必要になってくることはなんでしょうか？　（28歳・サッカー選手／柏木陽介）

□会社において、目標をともにしたチームを引っ張っていかなければならない立場です。しかし、それは簡単ではありませんでした。オシムさんはいかにして「チーム」を作っていったのでしょうか。（46歳・会社役員）

□サッカーにおける世代交代はつねに問題となります。ベテランのあり方、若手登用の仕方、そして個々の選手の引き際……。ジェフ時代に若い選手を積極的に登用されたオシムさんは、どうやってそれを成功に導いたのでしょうか。教えて下さい。（44歳・会社員／ジェフサポーター）

□オシムさんは、戦争を体験されています。今も民族間の争いがあるボスニアでわれわれには想像できない社会を生きていらっしゃいます。そこでお聞きしたいです。その点で言えば日本は恵まれている、と言えるのでしょうか。そうした世界の状況の中で日本が経済成長だけを目指して発展をしていくことは正しいのでしょうか。（26歳・学生）

☑オシムさんにもコンプレックスはあるのでしょうか。よくコンプレックスを力にして何かを成し遂げよう、と言われますが、私にはそれに打ち勝つ方法がわかりません。コンプレックスというのは何においても周りが気になってしまう、ということです。（33歳・会社員）

☑私は仕事で5人ほどの部署でリーダーを任されています。しかし、ひとりとても優秀な年下の部下がおり、能力は認めるのですが、ときに独断的な態度に出て困っています。サッカーでもそういったことは往々にあると思うのですが、その場合どうやって対処をされてこられたのでしょうか。（45歳・会社員）

☑今の日本を見てどう思いますか。私はあまりに軟弱な人が多く、腹が立つこともあります。（男性）

〼あなたの人生をサッカーに向かせた『原体験』は何ですか。人生の選択肢が他にもあった中で、あなたの情熱をサッカーへと傾けた素晴らしい体験、思い出が何かあったのではないかと想像するのですが（65歳・サッカージャーナリスト／大住良之）

急いてはいけない――目次

はじめに　3
質問一覧　5
第1章　「日本」のあり方　17
日本の特質について
独自性を確立すること
日本人のリーダーへ望むこと
前に進むためにすべきこと
進歩とは何か
第2章　「チーム」のあり方　63
チームを構築していくときに大事なこと
「上司」と「部下」はどうあるべきか

リーダーに求められる資質
リーダーに求められる振る舞いについて
未来のチームを予測するために必要なこと
コレクティブなグループとは
スターとチームの関係
キャプテンの適性
トレーニングのあるべき姿

第3章 「個」のあり方 133

コレクティブな日本人とは
これからの世界で生きる個人とは
引き際をどう判断するべきか
ストレスに悩む者はいるのか

第4章 「サッカー」のあり方――167
サッカーをどう考えるか
日本は本当に走っているのか
世界サッカーのトレンドとは
サッカーとジャーナリストの関係
日本のサッカーが目指すもの

第1章

「日本」のあり方

良かれ悪しかれ日本人はつねにプレッシャーを受けている。

それがうまく働けば、成功に至ることができる。さらに良いものが得られるわけで、日本人の特に優れた資質だと私は思っている。

前に進ませる力だ。

日本人は、日本は、すべてが可能だ。
今、知るべきであるのは、そのための努力
をどうやって導いていくかだ。

——日本人の特質について

自分の弱さと向き合うこと

どうしてあなた方はいつも同じ質問をするのか。自分たちの弱さを告白し、他人に答えを求める。

そんなふうに考えること自体が、弱さに正面から向き合っていない証拠だ。

同じ質問に答え続けるのは難しい。私にとってすでに明らかなことを、どうして何度も答えねばならないかと疑問に思うからだ。だが、人がどう思おうとも私は話す。とりわけ同じことに関して。

あなた方日本人はすでに大きく進歩した。難しいのはあなた方が、自分たちのことにこだわりすぎて、少し内向的になっていることだ。内にこもるから、すべての資質を生かし切っていない。もう少し自分に自信を持つべきだ。すでに進歩しているではないか。ノーマル[注1]（普通であること。正常であること）であり続けるべきだ。かつてあなた方がつねにそうであったように。

あまり過度の爆発（爆発的な進歩や変化）を期待するべきではない。多くのことを学んで、爆発ですらノーマルなものとして実現する。

そこを勘違いするから、ボスニア・ヘルツェゴビナには問題が起こる。ひとたび勝つと、自分たちは世界最高だと思いこみ、負けると世界で最悪だと落ち込む。われわれボスニア人は簡単に興奮する。「興奮する」というのはとても適切な表現だ。自信過多、つまり尊大にもなる。何かに成功すると、とたんに調子に乗るわけだ。もっと冷静でいるべきだし、ノーマルであり続けるべきだ。

私が思うに日本人は省察的で、足をしっかりと地面につけている。だからこそ即座に爆発できるし、他の人々が成し遂げなかった多くのことを達成した。日常生活の中には、ノーマルに行われねばならないことがたくさんあるからだ。日本人にはそれが容易にできる。だから長生きもするのだろう。自らを越えて過剰になることがないからだ。しかしときには、すべてのエネルギーを燃やしながらものごとに対処することも必要だ。普段とは違ったやり方が容易にできるし、だからこそ望ましい生活を送ることができる。

良かれ悪しかれ日本人はつねにプレッシャーを受けている。それがうまく働けば、成功に至ることができる。プレッシャーを推進力に転化できるのは、日本人の優れた資質だと私は思っている。前に進ませる力だ。

他方でうまくいかないときには、あなた方と言えども失望は大きい。

ただ、そこからの回復の早さも、あなた方は歴史的に証明した。例えば日本は第二次世界大戦の敗戦から、急速な復興を遂げた。世界の誰もが驚くような速度で。そして経済、政治などあらゆるレベルで世界のトップに躍り出た。同じことを実現したのは他にはドイツだけだ。あなた方は自分たちをもっと誇りに思っていい。

しかし今日、あなた方は少し急かされている。

それもまた理解できる。日本のような国では、日常生活でもつねにプレッシャーがかかっており、すでにそれが強迫観念になっている。人々がノーマルに生きにくい。学校に行っても――これは聞いた話だが――子どもたちは数年間で2000字以上の漢字を覚えねばならないという。ものすごいことだ。

彼らがアインシュタインであってもちょっと多すぎる。それが子どもたちを圧迫している。だからこそ少し冷静になるべきだ。

「勝ち点1」を取りにいく価値を知る

また過去を忘れるべきではない。世界を揺るがしている問題のすべては、過去の出来事が原因となっているからだ。

世界でいえばふたつの世界大戦があり、復讐が蔓延(はびこ)っている。しかしどんなにひどくとも、その状況とともに生きねばならない。そして状況にとらわれすぎて、もっとも大事なことを忘れている。それは生活のスタンダードであったりする。

食事をしている背後で、どうして原子爆弾が爆発するのか。その過去を認める。もちろんいいことではないし容認もできないが、忘れてはならないことだ。残念ながら、そうした出来事なしに世界は成り立っていないからだ。

私たちの国（ボスニア・ヘルツェゴビナ）も同じだ。何かが空気の中を漂っている。内戦が終結し、どうにか平和が回復されたが、報復主義が強く支配している。サッカーに例えれば、ここまでずっと負け続けた。今回、はじめて引き分けることができた。つまり状況が少しだけ改善され、社会も多少なりとも安定した。この引き分けこそ、ずっと守り続けていくべきだ。

自分のチームが酷いチームで、リーグでつねに最下位を争っている。そんなチームがトップのチームと対戦して、0対0の状況が続いている。君らは勝ち点1を得るために、この結果を最後まで守り続けようとする。勝ち点1にはそれだけの価値がある。全身全霊を捧げて、勝ち点3ではなく勝ち点1を取りにいく価値が。それこそが今のボスニアであり、世界の状況だ。どこでもそうだ。

誰もが自分にできることを人々に誇示したがっている。それが強さであることも、また弱さであることもある。

そして弱さの方が、強さよりも一般的だ。この世界に存在するのは、強者より弱者の方がずっと多い。

サッカーの試合でまずいプレーをしてしまったら、それを罰するのは選手自身ではなくサポーターだ。それこそが罰で、つねに自分自身のことばかりでなく他人のことも少しは考えるべきだ。

日本は多くのことを成し遂げた。世界のどこよりも多くのことを実現してきた。自分自身に例を示しながら。過去においてあなた方が生きてきたことが、あなた方がとても安定していることを示している。人々はあなた方のような安定した生活に辿り着くことができる。精神的にも安定した状態を得られる。それには神経を落ち着かせることが必要なのだろう。最後にゴールに到達するまで。

それはサッカーでも科学でも何でも同じだ。

日本はどんな穴も埋めることができた。今後、日本がどんなことを成し遂げていくのか誰にもわからない。あなた方は自分に誇りを持っている。自分たちの歴史と存在を誇りに思っている。すべてが可能だ。今、知るべきなのは、そのための努力をどうやって成し遂げていくかだ。

注1：「ノーマル」という語は「コレクト」とともにオシム哲学の主要概念である。「ノーマル」であることの大切さをオシムは説くが、前提として何が「ノーマル」であるのかを考え、理解することをオシムは求めている。

つねに新しい選手を獲得して刺激を受ける。

ブラジルやヨーロッパから選手を連れて来て刺激にする。

バルセロナのスタイルを真似する。

それを続けて最後は模倣に失敗したとき、

失望もまたとても大きい。

失望だけしか残らない結果を避けるために、
「模倣」から始め独自の道を見いだす。
そこに「模倣」の本当の意味がある。

——独自性を確立すること

模倣という罠に陥ったとき、独自性の具現化は不可能になる

日本で指導をするとき私が考えたのは、以前の過ち――日本人のある体質――を繰り返さないことだった。

優れたサッカーを実現するために誰かの模倣をする。しかしそれはとても高くつく。日本に来る海外のクラブや代表チーム、選手たちは金を得ることが目的で、あまり多くを日本にもたらしてはいない。もちろんいくらかの貢献はしている。日本人は優れた選手を求めているからだ。サッカーの異なる考え方も求めている。

しかし私は、それが長く続くとは思えなかった。つねに新しい選手を獲得して刺激を受ける。ブラジルやヨーロッパから選手を連れて来て刺激にする。またバルセロナ[注1]のスタイルを真似ることもできる。もちろん簡単にはいかないが。そしてそれを続けて最後は模倣に失敗したとき、失望もまたとても大きい。

その道を避けるために、失望だけしか残らない道を避けるために、日本に独自の道

を見いださねばならない。

日本人の特質とアイディアに立脚し、日本の選手たちで作り上げるチームだ。つねに模倣ばかりを考えても、メッシを模倣するのは難しい。どうやればいいのか。どうすればJリーグはメッシを生み出せるというのか——？

私がプレーを構築したジェフ（ユナイテッド市原・千葉）と、ペップ・グァルディオラ[注2]時代のバルセロナを比較することはできない。私が来日した当時、バルセロナのプレースタイルは今日と同じではなかったからだ。

では、私はバルセロナを先取りしていたのか。

そんなことは誰にも言えない。

私はサッカーに関して、自分自身のアイディアを持っていた。私がここサラエボで構築したチーム（ジェレズニチャル）[注3]も、そのアイディアに基づいたスタイルでプレーしていた。少なくとも具現化を試みてはいた。オーストリア（シュトルム・グラーツ）[注4]でもそれは同じだった。私はつねに優れたサッカーの構築を試みた。ボールを失わず、質の高いコンビネーションを発揮する。しかし日本では、それはあまり明確にはならなかった。ある程度は実現しかけていたが……。

ビッグクラブや偉大な選手の模倣という罠に陥ったときに、独自のスタイルの具現化は不可能になる。幻想から目覚めて、現実に優れたサッカーを追求していくことを、そろそろ日本も真剣に考えるべきときだ。

野心の強さが役に立つ

私自身は、独自のアイディアとプレーのスタイルがつねに頭にあった。さまざまなことが頭から湧き出てきた。個人主義者のサッカー、エゴイストのサッカーをどうすれば回避できるのか。

選手たちにコレクティブなプレーを学ばせるにはどうすればいいか。自分勝手ではない本物のチームを作り上げる。それこそバルセロナのように、5、6人の選手が一度に連動して、まるでひとりの選手のように機能するチームだ。それには多くのことが必要だった。

それよりはひとりのメッシを絶対視して、その選手に頼り切るほうがずっと容易だ。なぜなら本物のコレクティブなチームを作るには、5、6人のメッシがチームに必要であり、そんなチームが完成したら勝てるわけがない。相手チームはひとりで同時にその6人に対処することはできない。そこが問題で、バルセロナは同時に動く選手たちのグループを作り上げた。一人ひとりがプレーをよく知り、恐らくは全員が同じアイディアを、試合のどの瞬間にも頭の中に持っている。そういうグループだ。構築はとても難しい。

問題はそのコレクティブなグループに、どうやって真っ向から対決していくか。5、6人の選手が守備においてグループを作り、知的にバルセロナのグループをコントロールする。それができれば成功するだろう。

モウリーニョ[注5]のインテルはそれを実現した。彼らは3対1でバルセロナを破った。当時のインテルには世界最高の選手たちが揃っていた。知性があり、高額なサラリーを得て、チームのために100パーセント貢献する選手たちだ。

誰もがモウリーニョの守備的戦術を批判したが、彼はそれでも成功した。彼はミリートとエトーとスナイデルに、よく守備をするように求めた。守備でコントロールすることに成功し、バルセロナをそこから漏らさなかった。勝利に値する試合をした。

だがそのモウリーニョも、レアル・マドリードでは成功しなかった。どうしてか。ベンゼマ、イグアイン、ロナウド、カカ、エジル……。レアルと言えども、この選手たちでは守備はできない。ディシプリン（規律）の問題ではなく、できるかできないかの問題だ。

それではジェフの選手はどうだったのか。彼らはまず自分たちのために成功した。自分たちが存在することを彼らは周囲に証明した。単にＪ１に留まっているだけでなく、その存在感を周囲に見せつけようとした。その野心の強さが、われわれの役に立った。

今はもっと簡単だ。誰もが目標として、バルセロナのようなプレーを目指す。バルセロナを「模倣」する。そこがはっきりしている以上、監督の仕事はやりやすい。とりわけ似たようなアイディアを持っている監督にとってはそうだ。成功するためには、できるだけバルセロナのプレーに近づけていく。しかもメッシやイニエスタのプレーを模倣することなく。というのも羽生（直剛）にメッシのようにプレーするよう求めるのは、現実的とは言えないからだ。

そうではなくて選手を選び、彼らの能力に応じたプレーを引き出しながら全体を構築していく。そうすれば、「模倣」からスタートしたものが独自のアイディアを具現し、自分たちのアイデンティティとなっていくだろう。

注1：FCバルセロナ。スペインの強豪クラブでモダンサッカーの象徴的存在。

注2：ジョゼップ・グァルディオラ。現マンチェスター・シティ監督。2008年から12年までバルセロナで指揮を執り、リーグ優勝3回、チャンピオンズリーグ優勝2回など圧倒的な結果を残す。また構築したサッカースタイルはサッカー界に多くの影響を与える。

注3：オシムが現役時代を過ごし、引退後は最初に監督を務めた旧ユーゴスラビア（現ボスニア・ヘルツェゴビナ）のクラブ。

注4：オーストリアのサッカークラブでオシムは1994年から2002年まで指揮を執った。この間、2回のリーグ優勝、3度のチャンピオンズリーグ出場を果たす。

注5：ジョゼ・モウリーニョ。現マンチェスター・ユナイテッド監督。2009・10シーズンのチャンピオンズリーグ準決勝で、当時絶対的な強さを誇っていたグァルディオラ率いるバルセロナを第一戦3対1、第二戦0対1の合計3対2で下し、決勝進出。そのまま優勝を果たした。

自分ひとりで試みる。

自分自身のアイディアで、バルセロナのようなプレーを生み出すための適切なトレーニングを作り出す。どうやってトレーニングすればそれが可能なのか。

私が思うには、それこそが監督が監督であ

るための唯一の道だ。

日本人監督は自分のことより外国のことに関心を払う。

バルセロナが築き上げてきた時間を無視し、まるでそれを買うことができるかのように。

――日本人のリーダーへ望むこと

選手は監督よりずっと高い

私は日本が新たな時代に突入することを望む。

すなわちバイエルン[注1]のようにプレーするチームを構築するのを試みることだ。それができる選手を探し出し、獲得する。

もしいつの日にか、今よりずっと安い値段でグァルディオラを日本に招くことができたら、彼がどんなふうに仕事をするかを間近で見ることができる。

つまり彼の哲学を、彼とともに買うわけだ。こんなことを言うのは私だけかもしれないが、選手を買うよりはずっと安いはずだ。

選手は監督よりもずっと高い。

監督たちにとってもそれはいいことだ。日本の監督の問題は、彼らが自分たちのことに関心を持っていないことだ。他人が何をやっているかばかりを気にして模倣しようとする。だがそれではだめだ。

自分ひとりで試みるべきだ。

自分自身のアイディアで、バルセロナのようなプレーを生み出すための適切なトレーニングを作り出す。

どうやってトレーニングすればそれが可能なのか。

私が思うには、それこそが監督が監督であるための唯一の道だ。

今はあらゆる情報が溢れているのだから、モウリーニョやグァルディオラの得た結果ばかりを追いかけるべきではない。彼らの結果は素晴らしい。しかしそれはヨーロッパのあの環境の中で得たものであって、異なった環境で彼らと同じ結果は得られない。リーグのレベルで競争はできない。彼らのような本物のサッカーをするチームは、ここ（日本）にはひとつもないのだから。

ある時期のガンバ大阪は、西野（朗）がそれを試みた。

ずっと同じ選手を起用して、ひとり、ふたりのブラジル人を加えて同じスタイルの素晴らしいサッカーを実践した。技術的に優れ、加地（亮）は右サイドを頻繁に上がったり下がったりした。ガンバではそうしたことが繰り返された。

築き上げるまでに要した時間は買えない

あまりに簡単すぎる。日本は金持ちだから、メッシを買ってどうしようというのか。それほど高い買い物をしても、選手は誰も彼を模倣しようとはしない。ひとりでも、ふたりでも彼と少しでも似た選手が出てくればまだいいが、ただそれもまた正しい道であるとは言えない。

ノーマルにプレーして、最後はバルセロナの地点にまで辿り着く。彼らはつねに同じやり方でトレーニングをして、プレーを続けてきた。そしてようやく今の地点にまで到達した。それまでに要した時間は、金で買えるものではない。時間までもが金で買えるのならば、すべてが簡単すぎる。

クライフ[注2]の時代からの数十年間、さらにそれ以前の、100年にもおよぶクラブの歴史と、その間に培われた彼らのサッカー哲学は、決して金では買えない。その歴史や哲学を金で買うというのは、ふたつの世界大戦やスペイン内戦までも金で買うことになるのだから。そんなことは不可能だ。

すべてを金で買おうとする風潮は、私にはとても残念だ。

チームが進歩すること、また選手が進歩して現在あるところにまで到達すること。私が興味を抱くのはそうしたことであり、本のテーマにもなりうるものだ。だがそのためには、時間をかけた地道な努力が必要で、彼らが100年かけて築いたものをわずか数年にショートカットはできない。クライフが監督に就任してからの20数年間も2年に短縮はできない。

私が求めるのも、一つひとつの段階を踏んでの進歩だ。

特定の時間を経たのちに、リーグのレベルが上がり、プレーもスピーディになり技術もより高度になっている。それこそが目指すべき道のりで、一瞬でそこまで到達することなど不可能だ。

話を戻そう。

日本人監督はもっとリスクを冒すべきだし、日本にばかり留まっているべきでもない。海外からやってきた監督は、軒並み日本人よりも優れている。日本人選手が外国人よりも優れていたら、奇跡も何も必要ないが、メッシのレベルに到達するまでには、ものすごい数のリスクを冒さねばならない。

まずコンセプトに合った選手を見いださねばならないし、そこから膨大な仕事と努力が必要だ。彼らをひとつの所に集めて、集中的にトレーニングをする。ちょうどバルセロナがそうであったように。バルセロナの練習はいつでも見ることができるが、重要なのは練習を貫いている哲学だ。それこそを理解するべきだ。

選手が練習を理解してやっているのかどうか。

そして監督は何を望んでいるか。

両者の間にはつねに違いがあり、それを理解することがとても重要だ。選手ができることとできないことの違いを知る。

結果にとらわれすぎていれば、また金が必要になる

昨日は3対4で負けたが、今日は同じ相手に4対3で勝った。そして明日も勝つとしたら、それはすでに進歩だ。

また昨日は5対0で負けたが、今日は同じ相手に5対1でまた負けた。だが昨日は得られなかった1点がとても大事で、わずか1点に過ぎないとはいえそれは着実な進歩だ。そうした進歩の考え方は、世界中どこでも同じであり、誰にでもわかることだ。

監督は結果にとらわれ過ぎている。

トップチームだけでなく、育成組織の監督もだ。育成の段階ですら、チームがリーグを支配するのがいいことだと考えている。

だが重要なのは、そのチームからプロの選手を生み出すことだ。3、4人そういう選手が出て、彼らがトップチームのリーグ優勝に貢献する。それこそが目指すべきことだ。

育成コーチの仕事を15年なり20年なり続け、その間にユースリーグで5連覇を果たす。だがそこからひとりもトップチームに昇格できないのであれば、何も仕事をしていないに等しい。トップチームは選手獲得のために、さらに金を使わねばならないからだ。それは生え抜きの選手が昇格していれば使う必要のない金だし、本来なら育成のために使うべき金だ。

いずれにせよ、すべてを金で買えると考えることはやめたほうがいい。

そして、もっと自分たちのことに関心を持つべきだ。

外国が、他人が何をやっているかばかりを気にして模倣していては、そこに進歩はない。

日本人はもう、先に進むべきだ。

注1：FCバイエルン・ミュンヘン。ドイツの強豪チーム。特にバルセロナを退団したグァルディオラが昨シーズンまで指揮を執り、リーグ優勝3回を果たすなど圧倒的な強さを誇った。

注2：ヨハン・クライフ。選手、監督として数々のタイトルを獲得。現代サッカーの礎を築き、大きな影響を与えた。指導者としてはオランダの名門・アヤックスでキャリアをスタートさせ攻撃

的なサッカーを志向。バルセロナではリーグ4連覇を果たすなど確かな実績を残した。

私が驚いたのは、ジェフがあんなふうにプレーできるとは誰も信じていなかったことだ。GMですらそうだったし、選手もそうだった。多くのサポーターと話をしたが、彼らもまたジェフがあれだけいい成績をあげるとは期待していなかった。

しかも優れたサッカーをすることを。

欠けていたのは彼ら自身の自信だ。

メンタルの面で自信を持つことができなければ、最高の存在になれないし、最高の舞台で輝くことはできない。

——前に進むためにすべきこと

なぜ自分を信じないのか。選ばれたことを理解しないのか

日本代表監督に就任してから、私はジェフから6、7人の選手を代表に選んだ。理由の説明は簡単だ。まず私は彼らをよく知っていた。そして私は代表でも、ジェフと同じようなコレクティブで機動力に富んだアグレッシブな練習をやりたかった。だがそれは、他のクラブの選手たちだけでは不可能だ。まず彼らに説明して、さらに実践しなければならないからだ。それには多くの時間がかかる。すぐに実践できる選手がいるときに、どうして説明などに時間を費やす必要があるのか。

ところが残念なことに、代表に選ばれた選手たちが、なぜ選ばれたのか理解しなかった。バルセロナのようなグループを形成し、チーム全体で動いてゲームをコントロールする。そんなチームを作ろうとする私の意図を。

私たちのグループは、どうやって動けばいいのか理解しなかった。

それなのに、ときにスターになったり、個人主義者になったりした。

だがサッカーにおいては、それが彼らにできることではなかった。その点に私はちょっと失望した。彼らがやるべきことではなかったからだ。

私が彼らに言いたいのは、代表はクラブとはまた別だということだ。代表に選ばれたのだから、ジャーナリストやサポーターたちに対しても、自分がここにいるのは偶然ではないことを証明すべきだ、ということだ。

なぜ、自分が選ばれたのか。

それは君がジェフでいいプレーをしたからであり、ジェフはプレーの質の向上とともに成績も上がった。[注1]アマルの指揮のもとに同じチームがナビスコ杯で2連覇を果たした。それだけですでに素晴らしい歴史であり物語だ。それを成し遂げた選手を頼りにできる。

とりわけ当時は、他のクラブがジェフの選手を求めていた。つまり彼らはそれだけ進歩して、クラブは彼らを売って利益を得ることができたわけだ。

当初はそうではなかった。選手を売るという考えはクラブにはなかった。あったのはJ1残留の意思だけだった。決定的なまでに重要な役割を果たしたわけではないが、われわれはＪ１の中でそれなりのことをした。

それから選手が売れるようになった。

あのチームができ上がったことに関しては、何人かの選手に感謝したいと私は思っている。例えばミリノビッチや坂本（將貴）といったベテランたちは、持てる力のすべてを発揮してチームのために貢献してくれた。

子どもたち（若手）と同様に、クラブのために尽くしてくれた。若い選手たちにもっとできることを示すためには、ベテラン選手の権威が必要だ。若手はそれを理解して、本物の選手になった。

誰もがそこから利益を得た。多くが移籍を果たして、暮らし向きも良くなった。茶野（隆行）、村井（慎二）、山岸（智）、阿部（勇樹）……。

それこそがポジティブなダイナミズムであり、クラブも選手もその方向でやっていくべきだった。そうすれば最後にどうなるか。

一生懸命に努力すれば、やがては移籍できるのだ。

自分を信じられなければ……

私が驚いたのは、われわれがあんなふうにプレーできるとは誰も信じてはいなかったことだ。ＧＭ（当時）の祖母井（秀隆）ですらそうだったし、多くのサポーターと話をしたが、彼らもまたジェフがあれだけいい成績を上げるとは期待していなかった。しかも優れたサッカーをすることを。

欠けていたのは彼ら自身の自信だ。

試合であんなふうにできるとは、彼ら自身が信じていなかった。若手もベテランも誰もがだ。

特に年上の選手たちは、自分たちがあそこまでできるとは思っていなかった。彼らがそういう気持ちになれなかったのは障害になったし、そういう意味では彼らは適任者とは言えなかった。

メンタルの問題で、自分を信じられなければ世界最高のフォトグラファーにもジャーナリストにもなれないだろう。

そしてある日、最高の存在になれるかどうか、世界を感動させられるかどうかの分岐点にまで到達したときに、驚いてどうしたらいいかわからなくなる。

ジェフもそうで、多くの人々が驚いていた。

多くの選手たちがそうだった。彼らは代表に選ばれたとき、どうして自分が選ばれたのか理解できなかった。偶然選ばれたのではないこと、いいプレーをしていたからここ（日本代表）にいることを、私は彼らに説明しなければならなかった。

注1：アマル・オシム。オシムの長男。オシムが日本代表監督に就任後、ジェフユナイテッド千葉の監督に就任。ナビスコ杯で優勝を果たした。
注2：ジェリコ・ミリノビッチ。オシムがジェフ監督に就任する以前からジェフでプレーをしていたスロベニア代表のDF。

つねに野心的であるのはいい。しかし、野心が大きすぎるのは良くないことだ。病気になってしまう。

すべての分野で最高である必要はない。

あなた方はすでに進んでいるではないか。

日本人は日本人でしかないこともまた、自

覚すべきだ。

ものごとは別の方面からも見るべきで、そのときに日本人であることは決してコンプレックスにはならない。

日本人には日本人の特質があるのだから。

——進歩とは何か

日本人は病気にかかっている

人生が進化していくように、サッカーもまた進化していく。毎日が異なるし、それぞれの瞬間が異なる。ひとつとして試合は同じではない。だから、毎日一歩ずつ先に進めると信じるために少しオプティミストになる必要がある。日常生活では実際にそうしているのだから、サッカーでも同じことができるはずだ。サッカーは、科学ではなく人間の生活に属していて、同時に日々進化していく。

日本はサッカーにとても多くを投資している。指導者や選手に対して、またスポーツという分野全体に対して。それで進歩がなかったら本当に残念だ。あまりそうは思われてはいないが、日本は本当に多くを投資している。

日本は国が膨大なサポートを行い、それが進歩を促進している。

選手の流出は問題だが、日本人は今やヨーロッパのどこにもいるし、それぞれの国でそれぞれが力を発揮している。しかも一人ひとりが才能に溢れ、野心的でアグレッシブだ。彼らは他人から学び、進歩を好む。それはとても大きな資質だ。

あなた方は世界の大国のひとつだ。だからあまり多くを望み過ぎてはいけない。つねに野心的であるのはいいが、野心が大きすぎるのも良くないことだ。病気になってしまう。

またすべての分野で最高である必要はない。

政治や経済などの分野で……。何かひとつ良ければそれでいい。あなた方はすでに進んでいるではないか。すべての面で優れていたら、あまりに完璧すぎて後を追うのは難しい。

サッカーはもちろんバスケットボールでもあなた方は完璧を求める。どうすればアメリカに勝てるのか。２ｍを超す選手がいないときに。２ｍを超す選手を見いだすこと自体がすでに奇跡だというのに。

あなた方は病気にかかっている。

バスケットボールでアメリカに勝とうと本気になっているからだ。野球ではすでに何度かアメリカを破った。だがそれで満足する気はあなた方にはない。しばしばそれ以上を求める。だがそこはもっと冷静になるべきだ。あなた方自身の人生を、より良く生きるために。

コンプレックスを解放しなければならない

もうひとつの日本の病気はコンプレックスだ。

他人のほうが自分たちよりも優れている。

他人のほうが自分たちよりもずっと多くを投資している。

最高級と言える選手が何人かいる。

自分たちにはそんな選手はいない。

だから彼らは自分たちよりも優れている。

そう思い込む。これこそがコンプレックスで、自分自身をこのコンプレックスから解放しなければならない。

ワールドカップにしてもそうで、あなた方は大会が始まる前から敗北を話題にしている。

どうして敗北なのか？

大会に出場すること自体が勝利だ。まずそれを祝うべきで、ものごとを正しい場所に置かねばならない。

大事なのは予選を突破することか、それとも何かを成し遂げることなのか。最初は対戦相手が誰になるかもわからない。そして実際に対戦した後で、もっといろいろなことができたと理解する。いつもそうだ。試合の後になって、ようやくこうやるべきだったと気付く。

それこそが治さねばならないコンプレックスだ。

リスクを冒すのが若さの特権だが、日本はそうではなかった。大会前のいくつかの試合では、彼らはそれができることを示したにもかかわらず、本大会ではそうではなかった。

どうしてできなかったのか。それこそが、日本が突きつめていくべき課題だ。

もちろん次の予選を突破すればまた機会を得られる。しかし突破はそう簡単ではない。これだけの機会を得たことがどれほど大きなチャンスであったかを、誰も選手に説明しなかった。だからこそ何かを成すべきであることを。そのためにどうすればいいかを。

彼らはすでに人々に優れた印象を与えていた。機動性に富み、高い技術を持つアグレッシブなそのプレースタイルで。何人かの選手たちは、世界中の注目を浴びてもおかしくはなかった。対戦相手もあなた方に大きな敬意を払っていたように見えた。距離を置いて客観的に見たときに、あらゆることが可能だった。対戦相手が自分たちよりも優れていたわけではなかった。

しかしすべてがもう遅い。

やるべきことをやらずに、日本は終わりを迎えてしまった。これは一生悔やまれることかも知れない。ブラジル大会に参加した日本の選手すべてにとって。

何かを成し遂げるまたとないチャンスだった。日本のサッカーを変え、良くしていくための絶好の機会だった。日本は時間をかけてあるレベルまで到達したのに、さらなる一歩を踏み出せずにそこから後退した。君らは踏み出そうとさえしなかった。それが悲しい。

試合に負けたことが悲劇でもカタストロフィでもない。悲劇的なのは、チャレンジしなかったことだ。あえて試みなかったことだ。

1、2歩であっても後ろであることに変わりはない

日本人は日本人でしかない。そのこと自体はプラスでもマイナスでもない。ものごとはさまざまな方面から見るべきで、そのときに日本人であることは決してコンプレックスにはならない。日本人には日本人の特質がある。むやみなアメリカ化には歯止めをかけるべきだ。

「スターマニア」（特定の個人を過度に持ち上げ、評価し話題にすること。最大の問題は、日本人自身が自分たちがスターマニアであることに気付いていないことだ）もそうで、自分たちのことをもっと考えるべきだ。自分に自信を持つ。そうしないと、

つねに誰かの少し後を追いかけることになる。たとえ1、2歩に過ぎなくとも、後ろであるのは変わりない。

紙の上で模倣しても意味はない。日本は多くを作り出し、それを他の人々が利用してきた。今度は日本人が自分たちのために何かをすべきだ。

自分自身の考えを生かす。他人の考えではなく、あなた方日本人の考え方・アイディアだ。そこから完璧にしていくことで、何かに到達できるだろう。他に頼らない、日本独自のやり方だ。

そして少し先のことをつねに考えておく。われわれは明日があることを忘れがちだが、明日は必ずやって来る。今日、これから数時間かけて、明日になるまで議論ができるが、そこにはまた明日がある。

働くことそれ自体は日本では何ら問題ではない。

問題は本物のアイディアを持った人間を、然るべき立場に就けて働かせることだ。新しいアイディアを持った人間を。少しずつ進化していくために。

決して急いてはならない。

何かに優れている人間は、すぐに潰されてしまう。それが世界のモードでもある。素晴らしい何かを見せた人間は、即座に叩かれて退けられる。

余地がある以上それを利用することを試みるべきだ

私はグローバリズムには反対ではないが、追求していくのは難しい。ひとつの国が、世界のあらゆる国の後を追うのは大変であるからだ。さまざまなことを創造しなければならないし、追いつくために膨大な努力を強いられる。生活はつねに進化し続けているし、技術も進化している。

私は日本を称賛する。日本はヨーロッパのようにサッカーを発展させたばかりではない。日本にはまだまだ進化の余地がある。努力する余地がある。それがなければ新しい何かを見いだすのは難しいが……。その余地がある以上、誰かがそれをうまく利用することを試みるべきだ。その余地を、まったく新しい何かで埋める。興味深い何かで。

先日、私はある医者と話をした。彼が言うには、医学の中でまだまだ未知の領域であるのが頭脳だそうだ。余地とはつまりは頭脳のようなものだ。その余地において、人は何かを成し遂げうる。誰かがそれを実現したとすれば、それは世界的な奇跡だ。

私は言いたい。

あなた方が問題にし、私に問うている日本の停滞は、存在しないと私は思っている。

第2章

「チーム」のあり方

チームの中で、誰がどの位置にいるのか、
それを知ることが大事だ。
支柱となるのは誰なのか。
それを知ったら後に、チームの雰囲気を作る。
親密にコミュニケーションを取るには、一
緒に食事をするのが一番で、そこでそれぞれが自分の考えを話す。

議論されたことは、選手にとっても有効だ。交わされた言葉を受け入れる。彼らもまたコーチと議論をするようになる。

それがチームである。


――チームを構築していくときに大事なこと

誰がどんな役割、位置を占めているかを知る

コミュニケーションはチーム構築における重要な要素だ。そして日本のようにもともと監督と選手の間に距離のある国のほうが、実はコミュニケーションは取りやすい。日本には、老人と若者の間にモラルの面での距離がある。その距離は、ずっと以前に確立されたものだ。サムライの社会がそれを作り出した。そうした社会の中で、誰がどの位置を占めているかを理解するのが重要だ。

例えば今、私は取材を受けている。私がひとりであるのに対し、取材のスタッフは5人いる。私は5人それぞれが、どんな役割を担っているかをまず理解しようとする。なぜ彼がいて別の彼がいるのか。それを理解することで、仕事がスムーズに行える。サッカーにおいても同じだ。まずチーム構築のカギとなる選手を見いだす。誰がこのチームの支柱になっているのか。

家を建てる際には、最初に床柱を立てる。チームも同じで、ジェフの場合は私と同じ言葉を話すミリノビッチが、当初は大いに助けてくれた。彼が言うには、阿部（勇樹）という優れた選手がいて、いろいろな役割を担えると。

それだけですでに大きなプラスだと、私は彼に言った。そうした選手こそ、大事に保持し続けるべきだし、有力な戦力となる。チームにとっての床柱はキャプテンであり、中心となる優れた選手だ。阿部はそのひとりだった。

そうして私は阿部を見いだし、彼に近づいた。彼はまだ若く、私が求めた他の選手に対する役割も受け入れた。

それから私は崔龍洙（チェヨンス）を組み入れることができた。

能力を考えれば当然のことだった。しかし私は彼に一度こう言った。

「ジェフでは君を最高の選手にするために、あるいは得点王にするために、他の選手たちがプレーしているわけではない。ジェフが君を獲得したのは、君が他の選手を助けることを期待したからで、彼らが本物の選手になるための手助けをして欲しいからだ。君はひとりではない」

当時の彼は絶対的なマスターで、周囲は自分のためにプレーして当然と考えていた。その考えは間違っていると私は彼に言った。彼は私の言葉を受け入れた。

ディシプリンの遵守や監督の要求に耐えられない選手もたくさんいるが、人としてすべてがコレクトであれば、選手としても自らの価値を示すことができる。そこでスーパーマンのようになろうとする必要は何もない。メディアの評価に対してもノーマルに対応すべきだ。良い評価はもちろんだが、悪い評価も受け入れる。それは人生においても同じだ。

成功するチームに必要なもの

阿部がどんな位置にいて、崔龍洙はどうであるか。それを知った後に、次に必要なものは何か。

われわれは多くを変えた。

ジェフは無名のチームだった。私が赴任した時点で、ほとんどの選手が無名だった。

ファンにも専門家にも名を知られていない、ごく平凡な選手たちだった。

そんな彼らが、ひとつになってプレーすることで成功した。練習と研磨を重ねながら、優れたサッカーを実践するチームの構築に成功し、そんなサッカーを実践できることに彼らも満足していた。そこから先は、彼らとともに仕事をするのがとても容易になった。

チームは素晴らしかったし、コーチングスタッフも素晴らしかった。つねにともに行動し、練習場近くにレストランがあってそこで一緒に食事をした。大いに食べ、大いに飲み、翌日の練習や試合の準備をした。

最初は彼らも遠慮していた。食事にもあまり一緒に行きたがらなかった。私が彼らに言ったのは、親密にコミュニケーションを取るには、こうやって一緒に食事をするのが一番だと。そこでそれぞれが自分の考えを話す。議論されたことは、選手にとってても有効だ。選手は交わされた言葉を受け入れて聞く。彼らもまたコーチと議論をするようになる。

残念なのは、クラブが方針を維持できなかったことだ。経営者が考えたのは、選手たちが総じて異を唱えるものだった。だがどちらも、サッカーを金儲けの手段として考えるのは同じだった。

選手は自分たちのために。経営者はクラブのために。

そしてどちらも過ちを犯した。経営者は選手を売りに出すのが早すぎた。若い選手たちを、さらに価値が高まる前に放出してしまった。経営者は、自分たちの仕事が報われることを望んだ。評価されることを。たしかに彼らの仕事は素晴らしかった。彼らはこれだけの仕事をしたのだから、選手を高い値段で売れると考えた。問題はいつが適切かということだけだった。

ジェフは協会に対しても、私のことで金を得ることが可能だった。シーズン途中でジェフの監督を辞めて日本代表監督に就任したのだから、クラブは協会から違約金を得ることができた。契約期間中のことであるのだから当然のことだ。協会の事情は関係ない。それがプロフェッショナリズムというものだが、彼らはそれをしなかった。

しかしこれは、私とクラブの双方の過ちかも知れない。私もミスを犯したと思うのは、代表では何の成功も得られなかったからだ。

だが、代表監督就任は、私にとってポジティブなことだった。私ももう少しクラブに留まって、さらなる実績をあげることは可能だった。あと2年ほどクラブで仕事をして、同じ考えの選手たちでチームを構成して何かを成し遂げることもできただろう。しかしクラブの経営者は、協会からの要請を受け入れざるを得なかった。クラブがそうである以上、私に他の選択肢はない。自分にできる仕事をするだけだ。

選手たちも監督がチームを離れるとわかると、もはや同じチームではなくなってしまう。選手の信頼を失い、結束力も薄れてしまう。チーム内外の雰囲気が与える影響は大きい。

成功するか否かは、いい雰囲気を作り出せるかどうかだ。雰囲気が良ければ、選手たちは率先して走るし献身的に働く。チームとはそういうものだ。

監督はつねにコレクトでなければならない。選手と人間的な関係を築く必要がある。選手を理解しようとしない、話をしようとしない、またはジョークのネタになったりする。それらは良くないことだ。

そして、しばしば選手が監督より優れたアイディアをもっていることを認めなければならない。
選手を尊重する。適切な距離を知る。
つまり、コレクトであること。
そのために、人間的な関係を築くことがとても大事である。

——「上司」と「部下」はどうあるべきか

監督の知性とはコレクトであり続けること

外国人として異国にやってきたときにやるべきことは、すでにそこにいる人たちに対してコレクト（適切）に対応することだ。選手たちにもコーチングスタッフに対してもそれは同様である。

「自分はこの国の言葉に興味があるし、学ぼうとしている。あなたたちによりよく説明ができるようになるために、あなたたちの中に溶け込もうとしているし、あなたたちと同じようにやろうとしている」

そう感じさせることはとても重要だ。目の前にいるのが自分の敵だと感じたら、何ごともうまくはいかない。

しばしば監督は、自分がすべての権限を持つクラブの会長になったかのように、まるで独裁者のように選手を指導する。それでは選手に受け入れられないし、彼らに対して親密にもなれない。

監督はつねにコレクトでなければならない。

監督がしっかりとした教育を受け、知識や経験が豊富であると選手が理解するかどうか。この監督にならば何でも質問できると彼らが思えれば、監督は選手と理想的な関係を築ける。

繰り返すが監督は選手を無理やり従わせるべきではない。コレクトかつノーマルに。そこに軋轢（あつれき）があってはならない。


コレクトであり続けるのは決して簡単ではない。

だが、それを実践し続けるのが監督の知性であるし、そこをよくわかっていなかったら監督など務められない。

監督は、自らが率いる15人から20人の選手の、グループのすべてを理解し、受け入れねばならない。妻や子どものことといったプライベートなことや、思想、信条といった日常的な習慣などがそこには含まれる。それらを踏まえたうえで彼らをコントロールできなかったら、チームを統率するのは難しい。

選手と親密なコンタクトを取ることを試みる。

ノーマルな関係を維持し、ノーマルなコンタクトを取る。

選手の個人的な問題や家族の問題を知るためにも、彼らとの距離を縮めていく。監督が選手の私生活や信条、子どものことに関心を抱いていると選手が理解すれば、仕事はとてもやりやすくなる。親密な関係を築いていい仕事ができる。

「距離」をハッキリさせる必要性

残念ながら、現実には反対のことが多い。

特に監督が選手に対して最初に壁を作ってしまったら、それを克服するのはとても難しい。それでも監督は、選手が認めないことを無理やりやらせるべきではない。強制すれば選手は最初から監督に敵対することになる。全力を傾けて監督を陥れようとする。

しばしば監督は、選手を理解しようとしない。理解しないままに彼らに規律を課しても、ふざけた態度で受け流されたら、お互いにまったく共感を得られない。彼が得られるのは選手への敵意だけで、うまくいくわけがない。終わりだ。

選手と話したがらない監督もいる。自分が彼らよりも「よく知っている」ことを示したいがために、選手が異論を唱えることを許さない。自分の考えが絶対であると信じ込んでいる。

一方で、監督がジョークのネタになるのも良くない。監督は威厳を保ち続けるべきだし、選手への態度を改めるべきかもしれない。選手を罰してはならないが、ときに距離を保って関係をハッキリとさせる。彼らに適切な距離を知らしめるためにも、ヒエラルキーや敬意を求める必要はある。

選手と議論をするとき、監督は彼らの耳に残る言葉を与えねばならない。

次の試合には、彼らが出場すると思わせるような言葉だ。そうして彼らを準備させる。選手はコーチに対して、準備が整っていないとは絶対に言えない。

仕事仲間を批判する気はないが、最後の瞬間まで先発メンバーを選手に伝えない監督がいる。選手はしばしば突然先発を告げられて驚く。

そうなったらハンディキャップだ。どうして選手がじっくりと準備できるようにあらかじめ伝えないのか。

監督は選手よりも学ぶことがずっとたくさんある。

選手は監督の言うことを聞いていればいい。選手にそれ以上を求めるのは——とりわけ若手とベテランが入り混じり、クオリティにバラつきがあるチーム構成である場合は難しい。選手にはそれぞれ異なる役割があり、それぞれが自分の役割を自分に都合がいいように解釈している。

自身より優れたアイディアを持つものの存在を認める

選手との関係やコミュニケーションから学べることはたくさんある。

選手はどうやって自分の役割を理解するのか。それがわかるだけでもすでに大きな進歩だ。そうしてひとりふたりを掌握できれば、6人、7人、8人と理解の輪を徐々にグループへと広げていける。彼らはともに行動するようになり、ひとつのチームとなる。監督の仕事の半分はここで終わっている。

かつて私が指揮を執ったジェフには阿部（勇樹）がいた。他にも知的な選手が何人かいた。そうした選手たちがいる限り監督は十分に注意すべきだ。というのも彼らはしばしば監督よりも優れたアイディアを頭に抱いているからだ。監督は彼らが他の選手たちよりも優れていることを素直に認めて、彼らの考えを尊重すべきだ。

そういうことがあるから、選手と人間的な関係を保つことが重要になる。

「君にこれを求めるが、答えをすぐに出す必要はない。君が答えるまで私は待つ。本当に理解したかどうか見極めるために」

こうした信頼がとても大事で、例えば悪いプレーをした選手は、つねに罰を与えられるのを待っている。彼らには自覚があるから、監督の言葉も素直に受け入れて、その後の仕事はとてもしやすくなる。

それこそが選手とのコミュニケーションに他ならない。

一流の選手を集めるならば、監督もまた一流でなければならない。人間的にも高いクラスの監督だ。選手がそうであるように、監督にも高いクオリティがなかったら何の意味もない。

頭と心がしっかりしていなかったら……両方を兼ね備えた監督はそう多くはないが、監督として高いレベルで仕事をしたいのであれば、自分がそのクラスであるのかどうかを、冷静に見つめ直さなければならない。

優れた監督はいずれ理解する。「右脳」だけでは十分ではないことに。

もちろん誰にも限界というものはある。

だが私が思うには、それもまた示すべきだし、選手にハッキリと伝えるべきだ。彼らが後に驚くことがないように、あらかじめ知らせておく。驚いてパニックに陥ったら目も当てられないから。

監督は人間心理の専門家であるべきだ。十分な時間をかけて、選手を理解しようと努める。心理的・精神的に、彼らがどうであるのかを。

もし監督が選手を嫌い、その人間を爪はじきにすれば、その人間は報復主義者となり、同じように嫌われている選手を作ろうとする。これは敵対するグループができたのと同じである。

監督の資質とは、知性を武器に、十分に説明をすることなのだ。

——リーダーに求められる資質

経験がないことで直面する問題

監督として必要な資質とは何か。

例えば、プロ選手としてのキャリアはそれに当たるだろうか。

思うにサッカーの監督は、必ずしも元プロ選手である必要はない。プロとしての経験がなくとも、サッカーの監督にはなれる。

必要なのは知性であるからだ。

知性があることで優れたキャリアをまっとうできた監督はたくさんいる。彼らはサッカーで何かを成し遂げる機会を得た。サッカーは走るだけではないし、遠くにボールを蹴ることでもない。

他の多くのこと——人生の哲学が内側に含まれている。

つねに頭が重要だ。加えて強い気持ちがあれば、監督になることは誰にでも可能だ。

ただし、学ばねばならないことはたくさんある。

たしかに選手の経験があれば、いろいろな場面でより容易であるのは間違いない。選手時代の経験は、監督になってからも大いに役に立つからだ。また、選手の側からも、それは悪いことではない。選手の経験がありプレーを知っている監督の言葉は、選手も受け入れやすい。

けれど、選手の経験がなくとも成功した監督はたくさんいる。なぜなら彼らは徹底的にサッカーにのめり込み、プレーや試合にディシプリンを持ち込んだからだ。自分でプレーすることを知らなくとも、それは大したことではない。

選手の経験がないことで直面する問題は、選手の経験がある監督と比べ多くなるかもしれない。例えば、メディアやクラブ首脳と話す際には、選手としての経験が役に立つことが多い。変に意識せずに彼らと会話ができる。選手の経験がない監督に対して選手たちは、誰もが批判する権利があると思い込む。いったい何がわかるのかと監督を軽んじる。

そこにサッカーのひとつの問題がある。

残念ながら多くの人々が、つまりサポーターはもちろんクラブの首脳たちまでが、監督に対して、監督自身が、選手に求めるプレーを実際に示してみせなければならないと思っている。

また監督の中にも、練習中に選手と一緒にプレーするのを好むものも多い。だが彼らは選手の怒りを買う。なぜなら選手のプレーのリズムについていけないからだ。走れなければプレーはできない。私がもうプレーをしないのもそれが理由だ。走れるならば、私だってまだプレーをしたい。プレーだけを考えれば私にもまだ十分に可能だが、残念ながら走れない。

選手はいろいろな面で誤魔化しができる。

スプリントやドリブル、パス……。エゴイズムを発揮するし、コレクティブなのかどうかの問題もある。すべて目に見えることだ。一方、監督は、自分に選手の経験があれば、それらすべてをよくわかっている。選手は監督をだますことができなくなる。監督の権威を守るうえで、とても重要なことだ。

だから選手に対して監督は、自分が確かな（たとえ選手としてのそれでなくても）

「経験」を持っていることを知らしめねばならない。自分が間違っていないということを。そこでの失敗は許されない。

知性と知識を武器にする

サッカーにはすべてがある。選手がしばしば人間的でないこと――選手経験がない監督へ批判的になること――はある。彼らとどう仕事をして、彼らをどうやって動かすか。監督からすれば「ろくに学校に行ってない選手」と思いたくなるような若者たちをどう扱うか。危険な状況ではある。

もっとも危険であるのは、選手が監督よりも多くの知識がある状況だ。選手が監督よりも多くを知っているのは、決していいことではない。

だからこそ監督は、知性と知識を武器に仕事を行うべきだ。それは、かつて選手であったかどうかよりずっと大事なことだ。

選手は自分よりもよくわかっている監督に従う。そうなったとき監督は、落ち着いて仕事ができる。

誰かを嫌うのは良くないことだ。監督は特にそうで、嫌うことは避けなければならない。もしそうなってしまったら、それだけで事態はすでに相当に後ろ向きであり、チームはかなり酷い状態だと言える。なぜなら他の選手たちも、監督が誰を好んで誰を嫌っているか、容易に感じるからだ。チームの雰囲気は悪くなる。

選手に恐れを抱かせるべきではない。求められるのは信頼関係である。信頼がなければ、選手は勝手気ままだ。信頼は監督がまず選手に対して置くべきで、選手に対して行動(これはプレーという意味ではない)で示す。そうすればチームはまったく別物になる。

監督が選手を嫌った時点で、チーム作りはすでに失敗している。もちろん親近感を抱ける選手を集めることはできるが、あまりそれを表に出すのも考えものだ。他人に対して適切な対応とは言えない。

こんなことを言うと、「では行動を容認できない選手がチームにいたらどうすればいいのか」という疑問が生じるだろう。その場合は、監督はその選手に容認できない理由を説明する。彼がそうするにはさまざまな原因がある。プレーが悪かったからか、生活が普通でないからなのか、はたまた他人を評価していないからなのか……。

気をつけなければならないのは、ひとりの選手に対して、ネガティブな面を露骨に見せてはいけないということだ。すべての選手が同等であるのだから、誰にもチャンスを与えるべきで、彼らの性格を観察して、信頼を得る。そうすれば監督は選手に何かを求めることができる。

最初は疑い深かった選手が、後に良くなることはよくある。例えば観客やサポーターに嫌われていた選手が、素晴らしい選手に変貌することはしばしば起こる。それこそ監督が追求すべきことだ。

嫌われ者がいても、爪はじきにすべきではない。というのも嫌われ者とは、報復主義者であるからだ。

彼らには、どうして彼らに非があるのかをしっかりと説明する。こうすれば良くなるということも。それで彼らが態度を改めていいプレーをすれば、全員が利益を得ることができる。その辺は少し賢くなったほうがいい。敵対するのではなく、うまく方向を変えて自分たちのいいように持っていく。

「最大限を引き出す」ということ

選手に興味を持つのは監督として当然のことだ。妻や子どもたちとの生活など、彼らの私生活にも関心を抱くべきだ。もちろん混同してはならないが、サポートすることはできる。家族を養っているのは彼ら選手たちだ。金を得れば幸せになれると言うのは簡単だが、金をモチベーションにするのがいい方法とは思えない。方法論として正しくない。

選手から最大限を引き出す。

監督は彼らを批判することもできるし、怒鳴りつけることもできる。好きなことができるが、すべては彼らの「最大限を引き出す」ため、ということだ。怒鳴りつけて批判ばかりしていてはプレーも悪くなるばかりで、選手もそういう状況には耐えられない。

日常生活においても、批判に耐えられない人間はたくさんいる。そんな人々に対しては、十分に注意深くならねばならない。それこそ心理学であり、監督は人間心理の専門家であるべきなのだ。

十分な時間をかけて、選手を理解しようと努める。心理的・精神的に、彼らがどうであるのかを。

選手は監督がそれだけ自分を気にかけていると思えば、自分に自信を持てる。自信を得れば、プレーも良くなっていく。逆に嫌われていると不安を抱き始めると、その後が難しくなる。監督に嫌われていると感じた選手は、同じように嫌われている選手を求めるからだ。それは監督に敵対するグループが生まれたことを意味する。これはちょっとした問題だ。

どんな仕事においても、集団をうまく機能させるには、正しい方向へと導けるリーダーが必要だし、能力のある人間、監督が必要だ。そしてその監督に、「選手」の経験があるかどうかはまったく問題にならない。

日本では、上司と部下の間で、議論という名の会話がほとんど成立しない。そこには文化・社会に根差した深い問題がある。

人に変わることを求めて、自分はずっと同じままでいる。

「正しい」とは何か、という問題もある。正しいと思い込むのと、現実に的確に行動するのとはまったく別のことだ。というのもすべてが「正しく」なり得るからだ。
まず、そこに気付けるかどうかだ。

――リーダーに求められる振る舞いについて

シェフであることだけが監督ではない

自分の職場に居心地の悪さを感じる。上司や同僚の言葉を容認できない。彼らが正しいとは到底思えない。誰もが一度は経験したことがあるだろう。

特に性格が生真面目であるほど、黙ってやり過ごすことができない。正しくないと思うことを容認できず、上司と口論になってしまうこともあるだろう。あるいは部下とも。

ヨーロッパではそこで議論が生じるのは当たり前のことだ。そうでなければ事態を進展させることができないからだ。部下が当然の疑問を口にし、上司がそれに答えるのは、仕事場のありふれたいち風景だ。

だが、日本ではなかなかそうはいかない。

上司と部下の間では、議論という名の会話はほとんど成立しない。そこには社会・文化に根差した深い問題があるのだろう。

ただ、それは解決できることだ。自分自身と相手の関係を変えることはできる。それには自分にばかり理があると、頑なになってはだめだ。ときに自分を変えようと努力することも必要だ。

サッカーのチームで言えば、20人の選手全員を変えることはできないだろう。20人に変わることを求めて、自分はずっと同じままでいる。そうではなくて、他人もまた容認する。

自分が監督でシェフの立場にあるからといって、つねにシェフとして振る舞ってばかりではだめだ。他の役割も監督にはたくさんある。シェフであることだけが監督ではない。

できる限り最高の仕事をする、それが「正しい」ということ

もうひとつは「正しい（コレクト）」とは何かという問題がある。

正しいと思い込むのと、現実に的確に行動するのとはまったく別のことだ。という

のもすべてが「正しく」なり得るからだ。

監督は正しい練習を実践する。

フィジカル、テクニック、戦術に関して、監督は正しく練習を行う。

内容も実践方法も、また目的や意図も、多かれ少なかれ正しい。

だが「正しい」というのは、できる限り最高の仕事をすることであり、それこそが「正しい」の意味だ。

より具体的には、選手やチームに必要なことを的確に行うことであって、「正しく」働くことではないし、選手が好まないことを「正しく」行わせることでもない。

もちろん「正しさ」にはめ込むこともときに必要だが、そうなった場合に選手が従わないのは容易に想像がつく。それでは「正しい」とは言えない。

できないことや、やりたくないことを押し付けるのは誤った練習だ。指導者は細部にまで細心の注意を払わねばならない。選手が何をすべきかを、理解して実践するために。

次の週の試合に備えて、多すぎることも少なすぎることもなく、まさに適切な準備をする。それこそが優れた監督で、感性が備わった監督だ。選手を罵倒したり怒鳴りつけるのは、彼らを働かせるためではあるが、決して「正しい」とは言えない。

ポジティブなものを得ながら仕事をするために、選手が積極的にコミットできる環境を作り出す。そうやって次の試合や未来に向けて準備をする。

技術的に問題がある、あるいはフィジカル面が落ちてきていると判断したら、その部分で少しきめ細かい仕事をする。足りないと思ったものを埋める。

そうしたことに気付けるかどうか。それこそが監督の資質である。

監督にはやるべきことがたくさんある。

グァルディオラが構築したバルセロナのスタイルは、われわれが思った以上の成功を収めた。

彼らはチームの補完性を完璧にすることで成功した。実現が難しいアイディアを彼らは現実のものにした。

思うにそのアイディアは、「過去」――クライフから来たものだ。「歴史的な遺産」はさまざまな価値を示してくれる。いく世紀も経ることで得た価値を。

――未来のチームを予測するために必要なこと

成功は過去からもたらされる

明日のサッカーがどの方向へと進んでいくのか。

よりスピーディに、よりアグレッシブになっていくのは間違いない。それが日常生活の進んでいく方向であり、人々が求めている方向でもあるからだ。

歴史などすべての領域でそうであり、歴史はサッカーの後を辿らざるを得ない。歴史的な遺産はさまざまな価値を示してくれる。いく世紀も経ることで得た価値で、当時を生きた人々の生活の様子を伝えている。

サッカーも同じで、あるチームを見たときに、たとえそのチームが高齢化していても、そのチームをよく知り、観察することでいろいろなことがわかる。チームが辿ってきた足跡がそこからうかがえる。

例えばバルセロナを見たとき、グァルディオラの時代と今とではプレースタイルが変わった。パスを回すスタイルから、前線の３人にボールを預けて素早く攻めるやり方へと大きく変化した。

これはノーマルな暮らしが求める変化でもあった。進歩なのか、それとも単なる変化に過ぎないのか……。

グァルディオラが構築したバルセロナのスタイルは、われわれが思った以上の成功を収めた。彼らはチームの補完性を完璧にすることで成功した。それも特別な選手たちを起用しながら。

まず頭の中で、彼らはコレクティブなチームの理念を構築した。実質的にパーフェクトなチームで、個のレベルでも優れ、しかも「どうであるか」より「どうなるか」を考慮して選ばれた選手たちによって作られたチームだった。グループが機能することと、望んだ方向に進化することを願ってチームは構築された。うまくいかなければ、すべては水泡に帰す。そんなチーム作りだった。

だが彼らは成功した。実現が難しいアイディアを彼らは現実のものにした。

思うにそのアイディアは、クライフから来たものだ。なぜならクライフは現役時代から、その流れを汲むチームでプレーをしていたからだ。オランダの名門、偉大なアヤックスだ。

誰が次の成功を導くのか

私が思うのは次に同じようなチームを成功させるのは誰かということだ。

今、ヨーロッパや南米でプレーする30数人の若く才能に溢れた選手たちの中で、誰がクライフと似たようなことを実現するのか。完璧なチームを作り上げて新たに競争の中に歩みを進める。そのチームに、次世代のクライフは何を与えるのか。

そんなふうに明日を考える。クライフはまだサッカーに多額の資本が投下されず、戦争の影響もあって経済面では不十分であった時代に、独自のコレクティブなアイディアを考えついた。その事実が、今日にも大きな勇気を与える。

コレクティブであることがポピュラーではなかった時代で、誰もがまだ自分のために生きていた。アヤックスが成功したのは、豊かさを個人のものにしなかったことだ。

それ以前はひとりふたりに集中していた豊かさを、アヤックスは選手たちが分け合った。クラブも選手も、誰もがコレクティブに満足した。

サポーターもまた、金銭的な分け前を得たわけではないが、彼らもあのようなチームが生まれた喜びを分かち合った。あの当時において、すべてを分け合うのはとても難しかった。それぞれが自分の生活を追い求めるのが普通だった。自分の責任を負っていた。アヤックスはそれを変えた。

それでは今、サッカーは、それぞれの国の経済と人々の生活にどう関わっているのか。そこに問題がある。サッカーと経済の関係を考えたとき、サッカーは抵当のように見なされている。

選手はクラブの抵当になった。クラブが財政的に苦しくなったときに、彼らは選手を抵当として差し出すことで危機を乗り切ろうとする。一杯のコーヒーでメッシの抵当を外すことができればいいが、そんなことは絶対にありえない。

私はつねにこう自問している。

サッカーでこれからいったい何ができるのかと。

バルセロナよりも優れた何かを実現できるのかと。

それとも彼らは本当に天まで到達してしまったのか。

人間は基本的にオプティミストだから、次に何かが来るのを待っている。偶然であれ、意図的であれ、どこかで何かがさく裂することを。あるいはそれを実現する人物の出現を。それが誰であるのかはまったくわからないのに。

誰がそれを実現するのか考える

バルセロナの下部組織であるラ・マシア[注1]は、新たな何かを実現する可能性のある組織だった。

ラ・マシアとともにいったいどこまで行けるのか。すでに組織のオートマティズムは確立している。それがどれだけの可能性があるのか。ともに暮らし寝食をともにする。生活がいつも同じなら練習もそうで同じことの繰り返しだ。

しかし、新たな何かの実現は簡単ではない。もちろん日常的な繰り返しを続けることはできるが、それが最後に本当に報われるのか。またそれに関わる人々が、ずっと同じことをやり続けられるかという問題もある。ある日、これだけの報酬を得たのだからもういいということになるかも知れない。

だからこそ今、バルセロナに代わる新たなマシンを見いだすことが、次なる一歩となるのである。

現在、ヨーロッパのトップチームのプレーを見たとき、バイエルン、バルセロナとそれ以外の違いはものすごく大きい。

どこに次の可能性を見ればいいのかと不安になる。バルセロナの選手のようにするにはどうすればいいのかと頭を抱えてしまう。彼らの実現したオートマティズムと質の高さ、アイディアを、どうすれば再現できるのか。それにはまったく異なる精神構造を持つ人々と交わり、彼らの精神に感化される以外にないのでは、と。

誰もがクライフを天才だと言う。

ではなぜクライフが天才で、彼以外は天才ではないのか。ここから次に考えるべきは、クライフのクローンを作れるかどうかだろう。真剣に考えればいずれは実現可能となるだろう。

その成し遂げたことを見たとき、クライフはまさに奇跡だ。すべての才能が彼に付与された。知性や身体、肺まで含めて。とりわけ精神の健康だ。これはとても大事なことだ。

何より、あの時代にコレクティブなアイディアを生み、完璧なチームを作り上げた。それはバルセロナに継承された。

では次は？

新たな競争の中へと歩みを進めるために、誰がそれを実現するのか。

こんなふうに考えることこそ重要であり、そのとき、クライフを知ること、すなわち歴史を辿ることが助けとなる。歴史が実現したことは、現在に生きる我々に大きな勇気を与える。

注1：ラ・マシアはバルセロナの下部組織の総称で、もともとは選手寮を指す。トータルなコンセプトに基づいた一貫指導のもと、メッシ、イニエスタ、シャビなど多くの名選手を輩出した。クライフが提案したとされる。

優れてコレクティブなグループ。
ノーマルに生活をして、ノーマルにものを
考える選手たちのグループ。
全員が同じ目的に向かい、同じ考えを共有
できるグループ。
個人のエゴをそこに持ち込まない選手たち

のグループ。
一人ひとりがチームのために動き、チーム
はそうした個人を全体の中で引き立てる。
それが理想的なチームのあり方だ。

――コレクティブなグループとは

不必要にスターを語らない

水野晃樹は陽気でつねに明るい。才能に溢れていた。しかしセルティック[注1]でプレーするとき、シリアスであることを怠ってしまった。

これは何も、晃樹だけの責任ではないが、そこから見えてくるものがある。

ブラジルワールドカップで優勝したドイツは、知的であったうえに、技術的にも戦術的にも優れていた。リーグのレベルが高いうえに、彼らにはもともと勝者のメンタリティがある。どの試合でも負ける心配はなかった。

恐らく彼らは、私生活においても他の国々のずっと先を行っているだろう。文化的にも、生活のあらゆる面においてもそうだが、とりわけプロフェッショナルな面において進んでいる。

あらゆる面で高いレベルの生活を送れば、サッカーにおいても彼らのように動くことができる。決して負けることはない。最終的にやるべきことをすべてやり遂げるからだ。コンプレックスを抱くことなく、つねにポジティブに準備ができる。彼らのメンタリティであれば、杞憂を抱くことはまずない。

そのうえ彼らにはクオリティの高さもある。そうであるのにスター選手を不必要に語らないし持ち上げない。スターの存在がチームの障害とならない。

それはコレクティブな力で勝利を得ているからだ。全員で勝利を分かち合っている。コレクティビティこそ勝利の原動力であること。優れたコレクティブな力を持つものこそが勝利を得ることを、彼らはピッチの上で証明した。

晃樹がスコットランドで学ぶべきだったのも、そうしたコレクティビズムだった。それが選手の日常生活に深く根づいていること。日々の生活において、自らと真摯に向かい合える強さを、彼らが持っていることを。

ただ、そうした優れてコレクティブなグループを築きあげることは難しい。ノーマルに生活をして、ノーマルにものを考える選手たちのグループ。全員が同じ目的に向かい、同じ考えを共有できるグループ。個人のエゴをそこに持ち込まない選手たちのグループ。一人ひとりがチームのために動き、チームはそうした個人を全体の中で引き立てる。それが理想的なチームのあり方だ。幸運なことに、われわれはそんなチームを見ることができた。

私もかつて、日本代表でそんなコレクティブなチームの構築を試みた。攻撃に関しては、中村俊輔、遠藤保仁のふたりに中村憲剛を加えることで、中盤に質の高いトライアングルができあがる。私の考えでは、ボランチにもプレーの構築ができる選手がひとり必要だった。他の選手にパスを供給して、攻撃を作れる選手が。サイドにロングパスを振って、機を見て自分自身が攻め上がれる選手だ。その意味で憲剛は適任者だった。テクニックがあり、（川崎）フロンターレは関塚（隆）が監督をしている時代から、彼を中心に見ていて楽しいチームだった。

三人を並べたコレクティブなチーム。なかでも憲剛は、攻守の要だった。なぜなら彼が相手の侵入に対して、どちら側にプレスをかけて追い込むかを決める役割を担っていたからだ。（鈴木）啓太や加地（亮）、駒野（友一）のような運動量豊富な選手たちが彼の動きをフォローすることで、守備の連動性を確保する。場合によっては阿部（勇樹）も、ディフェンスの前のリベロとしてプレスに加わる。

残念なことに、私は病に倒れチームは完成までには至らなかった。

それにしても憲剛は、今もまだフロンターレで走っていると聞く。チームが首位を走る原動力であると。ただでさえ痩せている彼が、走り疲れてこれ以上痩せ過ぎないように注意することだ。

美しい物語が存在しない時代

今日では誰もがビッグマネーに辟易（へきえき）している。金銭ばかりが語られることに疲れ果てている。そこにはかつてのロマンティシズムはもはや存在しない。[注2]ガリンシャやペレの時代、プラティニらがプレーをはじめた時代には美しい物語があった。

しかしそうした物語は終わりを告げた。ブラジルで、ドイツ人がすべての物語を殺してしまった。ブラジルの輝かしい歴史と物語を、ドイツがワールドカップで完全に破壊した。ロマンを語る余地をまったく残さない完璧な破壊で、彼らの作った輝かしい歴史は、完全に過去のものとなった。美しく素晴らしい歴史だが……。

ネイマールやメッシ、ロナウドの物語は、ペレやプラティニの物語とは完全に異なる。選手がどんな感情を抱いているのか誰も分析しようとしない。人間として彼らが何を感じているのか。ひとつの人生を生きるものとして、メッシにはいったい何ができるのか……。

ネイマールはひとりで孤立し、相手の全員が彼に向かっていく。ワールドカップでの状況はそうだった。世界の誰もが、多かれ少なかれ彼に嫉妬心を抱いていた。あれだけの金銭的な報酬を得ているると、サッカーを見ている誰もが彼を羨ましく思う。

メッシにしろネイマールにしろ、膨大なサラリーを得てスタジアムに人々を集めている。観客は彼らを見るためにスタジアムに足を運んでいる。しかしやがては飽きられてしまうだろう。

ネイマールがメッシよりもさらに難しいのは、彼をとりまく世界には悲惨な状況が渦巻いているからだ。ブラジル社会が抱える現実と対比したとき、誰もがその落差に耐えられなくなるだろう。

ジェコのような選手にしても、莫大な報酬を得るのはいいとは言えない。サラエボの街を以前のようには歩けなくなってしまった。ほんの少しの収入しか得られない人々は、自分たちとの落差を容認できない。日々の糧にも困っている人々は、ジェコの暮らしぶりを肯定できない。

神はどうして公平にものを分け与えないのかと不満を抱く。

多くの人々が心に憎悪を抱きながら生きていることを忘れるべきではない。

私はそれが次の問題だと思っている。

注1：セルティックFC。スコットランドのスコティッシュ・プレミアリーグに所属する名門チーム。かつて中村俊輔らがプレーし、水野晃樹も2007～10年にかけて所属した。

注2：現代のサッカー界に多大なる影響を与えた伝説的選手。ガリンシャとペレ（いずれもブラジル出身）は1950年代から70年代にかけて活躍し、プラティニ（フランス出身）は70年代から80年代に活躍した。

ディシプリンを欠く選手に対して、言うべきことを言う。そうすることでチームは進歩していく。

というのも他の選手たちも、その言葉を聞いているからだ。彼らもまた批判されることをときに望んでいて、そのために監督に歩み寄っていく。
個人の力だけでできるほど簡単ではないことを、例として示してくれるからだ。

――スターとチームの関係

チームに優れた選手がいるのに進歩しない

私がチームにやってきたとき、ジェフの前線には韓国人の崔龍洙がいた。彼とブラジル人のサンドロの間に誰を置くかが問題だった。チーム唯一のスターであった崔龍洙の隣にサンドロを並べ、崔を前に行かせようとした。

ただサンドロは、他のブラジル人と同じ問題を抱えていた。私は彼によくこう言っていた。「いったい誰に見せるためにそんなパスを出しているのだ。君がブラジル人とはとても思えない」と。彼はつねに冗談で返したが、「君はもっと技術を学ぶ必要がある」と彼には言った。

フィジカルは問題なかった。好青年でもあり、スピードもあった。勇気もあり、誰とも仲良く、チームにとってはいい人材だった。

崔龍洙を刺激し、競争心をあおるためにも必要な選手ではあった。崔はスターだった。彼は自分のメルセデスをいつも門の正面、社長の車の隣に止めていた。私が「そこに止めるな」と言ったら、彼はそれから別のところに駐車するようになった。他の選手たちも、崔が正面に車を止めなくなって、崔もまた少しだけ進歩したと思うようになった。なぜなら崔は、他の選手をピッチ上で怒鳴りつけている唯一の選手であったからだ。

もちろんそれには理由があり、彼がチームのほぼすべての得点を決めていた。特に決定的なゴールはほとんどが彼の得点だった。彼は他の韓国人と同様に、性格的にも厳しく戦闘的でもあった。自分に対しても他人に対してもそうで、石炭[注1]を求めて炭鉱に入ることを決して恐れなかった。

信じられないようなゴールをヘディングで決めたこともあった。そして彼のゴールは、チームを本当に勇気づけた。他の選手が足を出すところでも、彼はしばしば頭から突っ込んでいった。チームメイトにとって、勇気を鼓舞される行為だった。観客もそうだ。だからこそ彼はあれだけ愛された。

だが残念なことに、彼はコレクティブではなかった。つねにひとりでプレーしようとした。ひとり対相手チーム全員だ。

彼が私のことをどう思っているのかわからないが、もしも今も少しのシンパシーを感じているようなら、それは恐らく私が彼に少しだけ近づいた最初の監督だったからなのだろう。他の監督は言えなかったことも、私は彼にあえて言ったからだ。

とても大事なことで、それぞれに必要とされることを言う。たとえ彼がチームで最高の選手であっても、チームはコレクティブなものである以上、欲しいものがすべて手に入るわけではない。チームメイトもいるし監督もいる。観客もいる。つねに足を地につけていなければならないわけだ。

優れた選手でありながら進歩しないのに対して、チーム自体は進歩しようとしている。そういう状況が気持ちいいわけがない。彼はもっといいプレーができるはずなのに、どうしてそうはならないのか。恐らくディテールがあいまいなままで、やるべきことをしっかりと詰めていないからだ。

ディシプリンを欠く選手に対して、言うべきことを言う。そうすることでチームは進歩していく。というのも他の選手たちも、その言葉を聞いているからだ。彼らもまた批判されることをときに望んでいて、そのために監督に歩み寄っていく。サッカーという競技は、個人の力だけでできるほど簡単ではないことを、例として示してくれるからだ。

たしかにゴールは素晴らしいし、得点能力という点で崔は卓越していた。だが、メッシですら、バルセロナではやるべきことをやっている。実質的にひとりでプレーする場面が多々あるにせよだ。

他の選手はメッシのためにプレーする。しかしメッシも、コレクティブな意味で的確にプレーし、試合中に誰かを怒鳴ったりは決してしない。つねに冷静かつ寡黙で、たとえパスを貰えなくとも文句を言わずに、走るべきときに走っている。

それこそが選手の度量、偉大さというものだ。だからこそ観客もメディアもメッシを評価する。彼は他の選手たちより10倍も才能に恵まれていても、決してそれをひけらかしたりはしないし、傲慢にならないからだ。それこそがとてもいい模範だ。

注1：労をいとわず勇気を持って何かにチャレンジすることのたとえ。

最初の練習で、阿部がとても真面目で、練習も試合のように取り組んでいることがよくわかった。自分にもチームメイトにも気を抜かない。

彼がいいだろうとすぐに思った。

必要なのはオーソリティのある選手だ。

誰もが尊重する選手。選手たちだけでなく、ジャーナリストや観衆が評価する選手だ。そういう選手がキャプテンになれば成功は可能だ。

——キャプテンの適性

リーダーの条件に年齢は存在しない

私がジェフで阿部勇樹をキャプテンに指名したのは、決して偶然ではない。すでに述べたように、日本に赴任する前に、私と同じ言葉を話すミリノビッチからジェフの情報をいろいろ得た。そのとき彼がまず言ったのが、チームには若く才能に溢れ真面目な選手がいる。彼はキャプテンに向いていると。その言葉が頭の中にあった。

そして最初の練習で、阿部がとても真面目で、練習も試合のように取り組んでいることがよくわかった。自分にもチームメイトにも気を抜かない。彼がいいだろうとすぐに思った。

というのもジェレズニチャルでも同じ経験があったからだ。バズダレビッチ[注1]がキャプテンになったとき、彼はまだ18歳だった。

ベテランは扱いが難しい。

嫉妬心を抱きやすく、誰かをキャプテンに選ぶとどうして自分ではないのかと思う。

嫉妬という名の醜い争いだ。そういう争いごとを起こさないためにも……、ある日、すべてのベテラン選手を一堂に集めて、キャプテンに関しての争いはもうやめだと言った。若い選手がその任に就くからと。

18歳だが、バズダレビッチはすでに周囲から敬意を払われていた。選手として優れていて、誰もが彼を信頼していた。彼も阿部と同じタイプ、同じスタイルだった。守備では戦闘能力が高く、技術もある。どんなときでも頼りになった。彼をキャプテンにしてはいけない理由は何もないと思った。もちろんそこから努力も必要だったが、彼はその努力を続け、クラブのキャプテンだけでなくユーゴスラビア代表のキャプテンにまでなった。

その経験があったから、日本に来たときには阿部をキャプテンに、というアイディアがすでに頭にあった。

まずできることは、その選手を信頼すること

それに何かを変える必要があった。武藤（真一）や望月（重良）といったベテランたちは、誰もが自分こそキャプテンに相応しいという思いを、多かれ少なかれ持っているものだ。だが、だからといって、年齢のいった選手を指名しなければならないという規則はどこにもない。

必要なのはオーソリティのある選手だ。

誰もが尊重する選手。選手たちだけでなく、ジャーナリストや観衆をもが評価する選手だ。

そういう選手がキャプテンになれば成功は可能だ。

若い選手をキャプテンにするには勇気がいるが、私ができることは、まずその選手を信頼することだ。同時にすべての若手を同等に扱う。

というのも他の若い選手たちも、自分もキャプテンになれると思いはじめるからだ。

ひとりが先例を作ると、誰もがそれに従おうとする。遅かれ早かれそうなる。

ひとりの選手が代表に選ばれる。ジェフではひさしくなかったことだ。だがひとりが選ばれると、他の選手たちも自分もいつか選ばれるかもしれない、と思うようになる。特に同じ年代の選手はそうだ。

たしかに阿部はちょっと内気で控えめだった。だが、誰もが陽気でつねに冗談ばかり言っているわけではない。それよりまずピッチ上で完璧な選手であれば、それで十分だ。ピッチの上で監督のように行動できる選手。必要な場面に顔を出し、チームメイトを助けて穴をふさげる選手だ。

注1：現ボスニア・ヘルツェゴビナ代表監督。ジェレズニチャル時代のオシムチルドレンの代表格。オシムとともに84—85シーズンはUEFAカップ準決勝に進み、後にフランスのソショーに移籍し9シーズンを過ごした。またオシム監督のもと、ユーゴスラビア代表でもキャプテンを務めたが、90年イタリアワールドカップは負傷により欠場。

練習ではつねにサプライズが必要だ。最初はゲームをやれば次は走り込み、その次はフィジカルや戦術トレーニングといったように変化をつける。選手たちがつねに刺激を受け、集中し続けられるように。同時に彼らが考えられるように。

彼らにどれだけ知性があり、集中して練習に取り組んでいるか、どれだけよく理解しているかは、練習中の態度を見れば即座にわかる。これが変化をつけることの大きなアドバンテージで、一種のテストのようなものだ。

——トレーニングのあるべき姿

サプライズはつねに必要である

練習を面白くしようとつねに考えていた。

楽しくなければ、選手たちは練習でまるで奴隷のようになってしまうからだ。何をやるかを練習前にあらかじめわかっている。それではだめだ。彼らの頭を刺激し続け、どうしたらいいかを考えさせる。

選手は毎日試行錯誤しながら、それぞれの練習に臨む。日々考えを新たにしながら練習を積み重ねていく。何をどうしたらいいのか、そのときはどうすればいいかよくわからなくとも、それでも少しずつ変わっていくことができる。

もし毎日のトレーニングがフィジカルばかりで、100mのスプリントを10回繰り返したら、頭を使う必要はないが自動人形のように走れるようになる。ただ、オートマティックに走れるようになっても、あまり現実的ではない。大したものをもたらさないだろう。もちろんときにそうしたことも必要で、サッカーは走るスポーツであることを忘れてはならないが。

練習ではつねにサプライズが必要で、最初はゲームをやれば次は走り込み、その次はフィジカルや戦術トレーニングといったように変化をつける。選手たちがつねに刺激を受け、集中し続けられるように。同時に彼らが考えられるように。

彼らにどれだけ知性があり、集中して練習に取り組んでいるか、どれだけよく理解しているかは、練習中の態度を見れば即座にわかる。これが変化をつけることの大きなアドバンテージだ。一種のテストのようなものだ。

サッカーは選手の知性が求められるスポーツだ。知性が無ければサッカーはできない。チェスをやるときは一手一手に時間をかけて考える。サッカーにはそんな時間はない。瞬間的に、せいぜい数秒のうちにいいポジションを取らねばならないし、パスを出し、走らねばならない。戦いも求められる。それこそがサッカーの魅力でもある。だからこそ、瞬時に判断を下せる感覚を練習で磨く。そのための環境を整え、選手が無意識のうちに判断ができるようになるまで彼らを刺激する。

そうしたことを、私はしてきたつもりだ。

第3章

「個」のあり方

彼はさほど効率的ではなかった。だがすべてを理解していた。コレクティブな面で優れており技術も高かった。決してフィジカルも劣っていたわけではない。体格はなかったが、必要な場面にはつねに顔を出し、勇気もあった。

努力をしてつねに試合に出場することでプレーにも安定感が得られた。出場の機会に恵まれなかったら、今日のような選手にはなっていなかっただろう。

プレーをしなければ自信も得られない。

——コレクティブな日本人とは

いくばくかの勇気と才能

佐藤勇人は本物の汗かき役だ。必要とあれば彼は、死ぬ覚悟すらしていた。尊敬されるひとかどの選手になるために。

ただ走るだけではない。水の運び役として高い能力を備えた彼のようなタイプは、今日の日本ではますます貴重な存在だ。そうした選手の重要性は、今は以前よりもずっと高い。世界のサッカーもまた変化しているからだ。

今、世界を見渡したときに最高の選手は6番（ボランチ）――守備的なミッドフィールダーだ。水の運び役であり、戦うことのできる選手だ。ヤヤ・トゥーレやポール・ポグバのような大型の選手もたくさんいる。彼らの値段はとても高く、ビッグクラブはこのポジションに若くアクティブな選手を配置するようになっている。信頼の置ける選手だ。

勇人はこのポジションでキャリアをまっとうした。自らの道を貫き通した。そういう選手はそう多くはない。私と勇人との最初の試合は親善試合だったが、練習で彼を見たときに私は即座に決断した。彼にはポジションを与えるべきだと。彼の献身的なプレーで、チームのレベルも上がった。そうして最後に彼は報われた。

一方、羽生直剛は……、彼の問題は常にここ（心臓を指す）だった。それは彼自身がよくわかっていることだった。私は彼にもときに厳しい言葉を向けたが、私が誰かに何かを言うとき、それは相手のために語っているのだということも。

彼は自分が有能で優れていると信じたかった。なぜなら彼はコンプレックスを抱いていたからだ。このコンプレックスを払拭するのは難しい。羽生にはそんなキャラクターの強さはなかった。コンプレックスがあろうとなかろうと、やるべきことは同じなのに。いくばくかの勇気と才能、それだけだ。しかしはじめから気質や性格に弱さがあったら、問題を克服するのは簡単ではない。ノーマルな状態で事態に対処できない。彼は選手として成功することを心から望んでいた。その点で彼は頑固だった。

彼はさほど効率的ではなかった。だがすべてを理解していた。コレクティブな面で優れており技術も高かった。決してフィジカルも劣っていたわけではない。体格はなかったが、必要な場面にはつねに顔を出し、勇気もあった。努力をしてつねに試合に出場することでプレーにも安定感が得られた。出場の機会に恵まれなかったら、今日のような選手にはなっていなかっただろう。プレーをしなければ自信も得られない。羽生には自信が必要だった。

これは私の想像だが、彼は韓国戦[注1]（アジアカップ3位決定戦）のPK失敗をずっと引きずって生きているのではないか。過去にこだわり、過去にとらわれている。すでに過ぎたことであるのに。ファルク・ハジベジッチ（オシム代表監督当時のユーゴスラビア代表主将）もそうで、いつも（90年ワールドカップ準々決勝のアルゼンチン戦で）PKを失敗した話をする。

羽生も実質的には同じだ。自分の中で消化しきれていないとしたら残念なことだ。彼は信頼を寄せるに足る人間であるのだから。しかし性格的に委縮し、そのうえさらにハンディキャップができたら……。幸い彼には知性があるから、それで報われた。

まじめで勤勉は美徳だが行き過ぎてはならない

阿部勇樹については、彼はすべてを備えていた。彼に必要なのは、もう少し自分を解放することだ。自由に考えて、自由に行動する。もっと喜びながら。真面目過ぎるところがあるから、少し性格を変えたほうがいい。何ごとにも真面目であることが、つねにいいとは限らない。

いつも何ごとかに頭を悩ませていたら、人生は憂鬱なものになってしまう。人生が苦しく困難になれば、プレーする喜びも失われるだろう。プレーすることはたしかに大変な仕事だが、そこには喜びも必要だ。チームは素晴らしいプレーを実践して勝たねばならないが、そのうえでさらに可能であれば、選手が自信を得てプレーする喜び、生きる喜びを感じるようにする。そうなれば申し分ない。

だが、阿部は内向的な性格なので、自分の内側にこもってしまう。サッカーを始めたばかりの子どものころのように、素直に喜びを表すことができない。それも当然で、若いころから彼は、何かを成しうると周囲から見られていた。周囲の期待に応えるのは、彼には難しいことではなかった。

日本人は総じて内向的だ。とても真面目で勤勉だが、あまり先まで行き過ぎてはいけない。真面目に働くのは大いなる美徳だ。人生は真面目に生きるべきだが、真面目すぎるのも良くはない。ある日、真面目さに耐えきれずに気が狂ってしまう。人生を楽しむ術もまた身につけるべきだ。そうでないと壁にぶち当たるだろう。いつそれが起こるかわからない。

阿部の場合がそうだ。彼はつねに優れている。デビュー当時から、彼には他の選手にはないアドバンテージがあった。フィジカルもそうだしテクニックでも高いレベルにあった。ヘディングの技術も高く、知性があり、戦術理解力も高い。決して3度のミスは犯さない。

羽生も厳格だが、自ら楽しむことも知っている。彼のような選手はチームには貴重だ。陽気で周囲を明るくする選手だ。水野晃樹もまた陽気で、つねに明るい。しかしある日、彼も人生はずっとシリアスであることに気付いただろう。

残念ながら水野は、スコットランドではその機会を逃した。シリアスな面が軽んじられた。というのも多額のサラリーを得ていたからだ。シリアスであることが、重要視されなかった。フィジカルが強烈であること、戦いが厳しいことを。

晃樹は才能に溢れていた。セルティックでプレーするのは、彼にとって大きな一歩だった。他の選手にはできないことだ。その後、気付いたときには遅すぎたのだろう。英国でプロ選手として生きていくには、ものすごくシリアスにならねばならないことに。私生活も含めてすべてをサッカーに捧げねばやってはいけない。彼は周囲を見回してそのことに気付いた。英国の生活はシンプルだが、誰もがそうやってストイックに生きている。

周囲を取り巻きに囲まれるのは避けられない。そこで十分に注意を払わなかったら、そしてシリアスにならなかったら、人生は難しくなってしまう。

プライベートにおいてまで、写真を求められ、サインをせがまれる。それは、ときにわずらわしいものかもしれない。けれどもサッカー選手である限り、その生活を受け入れなければ。簡単ではないが、そう生きるべきだ――。

批判を受けながら生きるのは容易ではない

柏木陽介は優れた選手だった。（サンフレッチェ）広島に在籍していた当時から、彼には何か光るものがあった。ゲームメイカーであり、ほとんどキャプテンのような存在でもあった。私たちは違いを作り出せる選手を探していた。若い柏木には、才能のきらめきがあった。

だが、若くして注目を浴びたことから齟齬が生じたのだろう。チームの統率、自らの人生……。ひとかどの人物になってしまうと、それを維持していくのは簡単ではない。チームメイトや周囲の人々をよく知らねばならないし、人生はつねにシャンペンではないと彼らに語りかけて、彼らをコントロールしていかねばならない。彼らの足を、しっかりと地面に踏みしめさせねばならない。誰にもできることではない。

そこに競争が生まれるとさらに難しくなる。一時期の香川（真司）がそうであったように。チームがちょっと停滞期に入ったことを、われわれはよくわかっている。そしてゲームメイカーが浮かれて地に足がついていないから、チームも不安定になったと誰もが言い出す。獲得した栄光が彼に重くのしかかり、次第にそれに耐えられなくなる。それは彼らが期待したこととは違ってしまっている。

批判を受けながら生きていくのは容易ではない。とりわけドイツやイングランドではそうだ。日本人は批判に耐えられない。自分の思いも口にしなければならない。メンタリティがまったく異なるから、自ら言葉にしなければ思いは相手に伝わらない。

柏木も、多かれ少なかれ同じような経験を浦和（レッズ）でしたのではないか。ゲームメイカーがいいプレーをしたときに、若さはポジティブに評価されるが、逆の場合には無視される。プレッシャーばかりが大きくなる。代表に再び選ばれたのは、恐らく人間的に成熟して、そうした状況を克服できるようになったからなのだろう。

注1：2007年アジアカップで、オシム率いる日本代表は準決勝でサウジアラビアに2対3で敗戦し、韓国との3位決定戦に回る。試合はＰＫ戦にまでもつれ込み、6番手羽生が失敗したことで敗戦を喫した。

岡崎慎司は日本人選手のひとつのモデルになり得る。だからこそ彼は今、イングランドでプレーしている。

彼はモダンサッカーの申し子だ。攻撃の選手であるのに守備もとても優れている。チームの最初の守備が彼だ。彼の守備は知的で、高い位置でプレスをかけチームの他の誰よりもよくボールを奪い、必要に応じて下がってボールを追いかける。
そして日本人選手が決められないようなゴールを彼は決める。

——これからの世界で生きる個人とは

日本人にはない「怯まぬ勇気」を持った日本人

岡崎慎司はイングランドで大きな成功を収めた。彼が活躍できたのは、他の日本人にはない優れた資質を彼が持ち、ヨーロッパで伸ばしたからだ。

その資質とは、アグレッシブさであり、何ごとにも怯まぬ勇気だ。自分よりも強い相手、理屈のうえでは自分を上回る相手に対しても、彼は勇敢に戦いを挑む。

フィジカルや身体能力は日本人のコンプレックスだ。日本人は体格的にヨーロッパ人やアフリカ人に劣っている。だが、劣性を認めるだけでは進歩はあり得ない。

彼が成功したのは、そうした日本人のハンディキャップをしっかりと克服したからだ。彼は日本人の新たなイメージをピッチの上で具現した。自分にそれが可能であることも彼にはわかっていた。

日本人選手が決められないようなゴールを彼は決める。

それも大きく屈強な選手が揃い、スピードもあるイングランドでやってのけた。だからこそ彼はヨーロッパで評価されている。サッカーにとっても日本にとっても、それは素晴らしいことだ。

私の日本代表が参加した2007年のアジアカップでも、岡崎がセンターフォワードだったら、われわれはさらに先に進めただろう。岡崎には勇気があり、機動性にも優れているからだ。

私には彼のような選手が必要だった。チームの他の部分はできあがっており、コンビネーションにはまったく問題がなかった。準々決勝のオーストラリア戦でも、相手はほとんどボールに触れることができなかった。

結成から間もないにもかかわらず、また大会への準備もほとんどできなかったが、われわれはかなりのレベルに達していた。あとひとり、ふたりの選手がいたら、優勝も可能だっただろう。当時は香川もいなかったし、柏木もまだ代表では使えなかった。阿部と一緒にプレーができるフィジカルの強い選手を探したが、日本にはそこまで優れた選手はいなかった。

それが明らかになったのは、準決勝のサウジアラビア戦で結果を出さねばならなかったときに、ロングボールをうまく使えなかったからだ。ワシントン[注1]のような選手がいればロングボールも有効だったが、何人か試した選手たちはいずれも線が細く、強さも十分ではなかった。

残念なことに巻（誠一郎）はテクニックの面で足りなかった。彼はただひとつを除きすべてが揃っていた。勇気があったしディシプリンも、ピッチを縦横に走り回る走力もあった。だが、彼はテクニックが不十分だった。岡崎同様に身体を投げ出す勇気が、彼にはあったのだが……。

岡崎は日本人選手のひとつのモデルになり得る。

だからこそ彼は今、イングランドでプレーしている。

彼はモダンサッカーの申し子だ。

攻撃の選手であるのに守備もとても優れている。チームの最初の守備が彼だ。彼の守備は知的で、高い位置でプレスをかけチームの他の誰よりもよくボールを奪う。必要に応じて後ろまで下がってボールを追いかける。

そんな彼の能力を、レスター[注2]というチームは十分に生かし切っているとは言えない。

カウンターアタックが主体の攻撃では、彼の機動力と細かなテクニックを存分に発揮できるわけではないからだ。

残念ながらサッカーでは、得点を決める選手ばかりが注目され、高く評価される。水の運び役はスターにはなれない。

彼らは縁の下の力持ちだ。

注1：浦和レッズに所属したブラジル人ストライカー。ポストプレーを得意とし、ブラジル代表にも選出された。
注2：レスター・シティFC。岡崎慎司が所属するチームで、昨シーズンにプレミアリーグ初制覇を果たす。

サッカーはタイミングが重要だ。

パスを出すのも、シュートを打つのも、つねにタイミングの問題だ。

これは他のことにも言える。

ピッチを去るのは、それがもっとも相応しいときだと感じたときであり、それだけのことだ。

そのタイミングを誤ったとしても、別に君が最初でも最後でもない。
誰に対しても正直になるべきだ。
とりわけ自分自身に対して。
子どもたちや家族に対して。

――「引き際」をどう判断するべきか

引き際とは、哲学者になることを求められるときである

引き際は誰もが直面する人きな問題だ。

かつて私がジェフで指導した選手たちは、軒並み現役最後の段階を迎えているのだろう。

工藤浩平や水野晃樹、山岸智、水本裕貴、佐藤勇人、阿部勇樹、羽生直剛、巻誠一郎……。坂本將貴をはじめ、すでに引退した選手もたくさんいる。

まず私が彼らに言いたいのは、身体は衰えてもまだまだプレーはできる。

問題はここ（頭を指さす）だ。

そのときの自分に相応しいプレー、その年齢でできるプレーが誰しもある。重要なことは、どこまで冷静かつ客観的に、自分自身を見つめられるかどうかだ。

また、引退後に何をするかは、誰もが頭を悩ます問題だ。

どんな選手であっても、あとどのぐらいプレーできるかなど誰にもわからない。そ

れよりも自分は何をやりたいかをハッキリと意識することだ。

サッカーが好きならば、ずっと現役でプレーしたいと思う。だが、あまりに長く続け過ぎて、観衆からブーイングを浴びキャリアを汚すことは避けるべきだ。すべてを台無しにしてしまう。だからつねにシリアスであり続けながら、プレーできる限りはプレーを続ける。そうすれば若い選手の力になれる。それもまたサッカーの喜びだ。

同様に年齢にあったプレースタイルの追求――自らの状態、身体能力などを客観的に判断し、相応しいプレーを求めていくことも誰にも可能だ。


では、いつが引き際であるかを、どう知るか。

サッカーではクラブの首脳や監督がしばしば正しい。

彼らが選手にプレーの機会を与える。だが、ある日、もうやめたほうがいいと彼らから言われる。それを受け入れるか否か。選手は哲学者になることが求められる。どうしてこのまま続けて、人生やキャリアを台無しにするのか。子どもたちの生活までもを。

どうすればいいかはすでにわかっている。いつかそういう日が来る。残念ながら、それは誰にも避けられない。

どれだけ正直で、コレクトにいれるか、それが重要だ

新たなモチベーション、新たな野心はどこででも見つけることができる。サッカーが好きで、プレーするのが好きである限り、それはつねに可能だ。というのも選手は、クラブを取り巻くサポーターの雰囲気や、リーグにおけるチームの順位などがモチベーションになり、試合やパフォーマンスの力を得て形にしているからだ。彼らの批判もまた判断の根拠にすべきだ。

「いつか」を知るのはとても重要だ。

今日のサッカー、明日や明後日のサッカーがどうなるかを的確に判断し、そこで何が起こり、自分に何ができるかを考える。これからの10年間に、自分は何ができるの

か。

プレーにしても同じだ。リズムについていけないのであれば、続けることはできない。それが健康上の理由によるのか、それとも他の理由なのか。いずれにせよ、いつやめるのがコレクトであるかはつねに考えておくべきだ。

もしもクラブからサラリーが支払われていたら、お金を受け取っている限り2日で2試合だろうと3カ月もの間が空こうと、プレーをしないわけにはいかない。だからこそ自分自身に対してコレクトであるべきだし、家族に対してもコレクトであるべきだ。愛する人たちに対してコレクトであるべきだ。

もちろんコレクトであり続けるのが簡単でないことはわかる。かなり長い間、人気を得てスターであった人間が、あるとき突然「もう違う」と言われるのだから。

そんな人間はたくさんはいない。その瞬間に直面したとき彼は、自分がこれまでに成し遂げてきたことを、自信の根拠にするかも知れない。

選手の自分はこれだけ偉大だったのだから、私生活ではさらにそれ以上だと思い込むかもしれない。

そうして自意識だけがどんどんと肥大していく。厄介なことだ。

コレクトであり続ける。例えば、「阿部勇樹」には難しいことなのかも知れない。断っておくがこれから述べることは、決して今の阿部本人に向けた言葉ではない。彼はとても若いうちからトップでプレーしてきた。佐藤勇人もそうだ。年齢だけを考えればふたりとも難しい時期にさしかかっている。たしかに彼らのプレースタイルは「スター」のそれではない。「スター」というのは中村俊輔であり、他の攻撃的で派手な選手たちであるからだ。ただ、そうではあっても、引退のタイミングをうまく図るべきだし、相応しい時期を見極めるべきだ。

タイミングが重要なのはサッカーと同じだ。パスを出すのもシュートを打つのもつねにタイミングの問題だ。ピッチを去るのはそれがもっとも相応しいときだと感じたからで、それだけのことだ。タイミングを誤ったとしても、別に君が最初でも最後でもない。

スポットライトを浴びる生活から普通の生活に戻るのは簡単ではない。

それは同時に、プロを続けることの意味を考えることでもある。最期までプロとしてのキャリアをまっとうするとはどういうことか。周囲の足を引っ張りはじめたときに、果たしてどこまで続けるべきなのか。

誰に対しても正直になるべきだ。

とりわけ自分自身に対して。子どもたちや家族に対して。

引退などデリケートな問題に直面した時期に、どれだけ正直になれるか。

私が代表監督を辞任したときのように、病気が原因であれば選択の余地がない。やめる以外に方法はない。あるいはもっと重要なことが原因となって――例えば戦争とか――必然的にやめざるをえないときもある。

人生における状況が引退を迫ることもある。子どもや家族の病気などがそうだ。自らの意志に反しても、認めなければならないときもある。誰も望まなくとも、ときに人生はそんなふうになってしまうということを。

そんなときこそ愛する人たちにコレクトであろう。

ストレスは、成功のためのトレーニングだ。ストレスとともに生きるよう、普段から意識して心がける。

ときに他人の状況に身を置いてみるのもいい。偉人たちがどんなふうに生きて、どうやって状況に対処しているか。

なぜなら彼らはさらに大きなストレスを感じているからだ。
ストレスは避けるべきだが、生じたときは身近なものとして受け入れるのが、ストレスとの適切な付き合い方だ。

——ストレスに悩む者はいるのか

ピッチを離れるときはつねに何かを得るよう努力する

過度のプレッシャーがかかると、それがストレスとなって自分をうまく表現できなくなるのはサッカーではよく起こる。日常生活でも、仕事や他の場面でそうしたことはよくあるだろう。

実は解決は、そう難しくはない。

私は選手たちに、私が個人的にどういう状況に置かれているか、また選手とチーム全体がどういう状況にあるかを説明する。

なぜプレーしなければならないのか。

サラリーはどこから得ているのか。

どんな結果が求められるのか。

ストレスを受けないためにはどうすればいいのか……。

彼らがそれらを理解すればいいが、しなかったときには、ストレスはチーム全体に広がってくる。

結果が悪くとも、それを認めて生きねばならない。結果が悪いのは自分たちに責任があるのであって、他の誰のせいでもない。どうしてそうなってしまったのかを、選手たちと議論する。

自信は自分が糧にしたものから生まれる。たくさん食べれば食べるほど、人は大きく育つ。自信も同じだ。結果とともについてくる。試合に勝てば自信はつく。またたとえ負けても、ピッチを離れるときにはつねに何かを得るように努力する。

選手はしばしばそうだが、勝ったからそれでいいと、何も考えることなく試合を終えてしまう。それだとひとたび試合に負けると、さらにその次も失い、すべてが終わってしまう。ストレスもたまる。例えば……。

次に来る試合はつねに「ダービー」だ。とても重要で、絶対に勝たねばならない。

ではどうやって？

勝利へのプレッシャー、ストレスがかかる状況が毎週のように、しかも何カ月も続いていく。

どの試合も勝たねばならない。しかしすべての試合に勝てるわけではない。「勝たねば」という言葉が、最初は可能性であったものが、やがて願望へと変わっていく。ジャーナリストもサポーターも、しばしばふたつを混同する。可能性と願望を同一視するが、ふたつは同じではない。

反対側には同じことを願っている相手がいる

チームが敗れたときに、しばしば勝つ気がなかったからだと批判されるが、勝敗はそういう願望の問題ではない。誰もがどの試合も勝ちたいと思っている。だが実際に勝てるかどうかは別の問題だ。相手がいるのだから。

ストレスは、自分自身で生み出しているもので、どこか他の世界からやってきたのではない。ストレスを与えているのは自分自身だ。自らの生活の中から生まれたものだ。

つねに一番でいたい。

より多くを得たい。

美しくなりたい。いい車が欲しい。子どもをいい学校に入れたい……。

実現するには戦いに勝たねばならない。反対側には同じことを願っている相手がいる。そういう状況につねに直面していると、いつの日かストレスがたまるのは当然だ。抱えているすべての問題を、うまく解決できるわけではないのだから。

車が欲しい、時計が欲しいと妻に言われたときに、どうやってそれを買うのか……。子どももそうだ。学校はいいほうがいい。それはそうだ。ではどうするか。

たしかに性格的に強くなく繊細な人間は、ストレスをうまくコントロールするのは難しい。どうにかなってしまうと感じることもあるだろう。私自身も、自分の無力感――何もできないことを感じたことがある。私は日本で危うく死にかけた。それも愚かな過ちのおかげで。しかし、それは誰にも予測できないことだ。起きてしまったら受け入れて生きるしかない。

ただし、ストレスのかかるような状況はできるだけ避けるように試みる。一度生じたストレスは、受け入れて生きるしかないが、なるべくストレスが起こらないように配慮する。無関心というのではなく、問題をなるべく回避する。

ストレスがない。それは成功する気がないからだ

そしてストレスが生じたときには、それを身近なものとして受け入れる。今日の生活は、ストレスのないことなどあり得ないからだ。

何の問題もなしに暮らすことなど誰にもできない。

すべてはストレスだ。ストレスは現代の象徴でもある。すべてのストレスを避けることなど誰にもできない。成功したいと思ったら、ストレスにうまく対処するしかない。それができなければ、成功はおぼつかない。

その意味でストレスは、成功のためのトレーニングとも言える。だからこそストレスとともに生きるように、普段から意識して心がける。

ストレスを感じない監督は、優れた監督とは言えない。

ストレスと無関係には生きられない。

もしそうであるならば、成功する気がないからだ。成功しようと思ったら、ストレスとともに生きるしかない。

もちろんそのときどきでコントロールは必要だ。メリハリをつけること。無関心を装い、ごく普通の生活を送るときもなければいけない。

テレビで試合を見たり、読書をしてみたり。読書は他者の経験をなぞれるから有益だ。ときに他人の状況に身を置いてみるのもいい。グァルディオラやモウリーニョがどんなふうに生きて、どうやって状況に対処しているかを考えてみる。なぜなら彼らはさらに大きなストレスを感じているからだ。

他人の模倣はすべきではないが、それが役に立つときもある。

他人から学ぶことは必要だ。世界には無数の経験があり、そのすべては書物に書かれていて、われわれは読んで学べるのだから。

第4章

「サッカー」のあり方

両親が子どもの世話をするように、いいことそうでないことの区別をつけることから始める。

というのも選手は何事にも抜け目がなく、彼らは観客が何を喜ぶかよくわかっている。

そして観客の要求に応えようとする。

それは芸術のための芸術であり、つねに少し過剰なプレーだ。
本当に必要なのはそういうことではない。
これは日常生活における実践的な哲学だ。

――サッカーをどう考えるか

すべてを説明することなどできない

サッカーの美しさは、そのアイディアにある。もちろん個々のプレーも魅力的だが、そこにあまり重きを置きすぎてはいけない。

個人のプレーには美しさがある。例えばドリブルなどはそうだし、ヘディングもそうだ。あるいはボレーシュート。それらはすべて芸術と言える。そしてごく平凡なシュートと、そうした本物の美しさを持つシュートは区別して見るべきだ。

しかしそれらの美しさも、すべて全体的な文化の中に位置づけられるものだ。

イタリアやイングランド、ドイツなどでは、サッカーの試合は日常生活の中に組み込まれている。日曜に人々は教会に行き祈りを捧げ、スタジアムでサッカーを見た後で夕食を食べる。その3つの行為を、まるで義務のように行っている。

教会とサッカー、そして夜の豪華な食事だ。夕げの席で気の置けない友人たちと、さっき見てきた試合の話をする。そうしたことが日常生活を作り出している。子どもたちも友人も、誰もがその中に入っている。

美しさを理解するために、ときには本を読んで、それぞれの選手の違いやプレーの違いを学ぶ。違いはどこにでもある。だがそれを認識するのは、簡単のように見えて実はそう簡単ではない。

最初は両親が子どもの世話をするように、いいこととそうでないことの区別をつけることから始める。というのも選手は何事にも抜け目がなく、彼らは観客が何を喜ぶかよくわかっている。そして観客の要求に応えようとする。それは芸術のための芸術であり、つねに少し過剰なプレーだ。

本当に必要なのはそういうことではない。

人はそれぞれが自分で選ばねばならない。自分のクラブ、自分のカラー。どの選手を見守っていくのか。選手たちについて、少しずつ分析していく。どうしてそうなるのか。考えることで、サッカーの魅力もいろいろわかってくる。

これは日常生活における実践的な哲学だ。

あまり遠くまで求めてもよくない。人々は人生を望ましいものにするためにサッカーと関わる。そのときに戦争や社会をとりまく諸問題、余計な哲学などは必要ない。もっとシンプルに考える。

サッカーが面白いのは、脚しか使えないからボール扱いが難しいことだ。そこにあまり余分な意味を加えるべきではない。もちろん人間のすべての動作には、小さな哲学が内包されているし、われわれが実践しているようにその哲学を深めていくのは難しくないが、あくまで適切な方向に向かうという条件がついたうえでのことだ。どうしてそうなるのかを理解する。

なぜならサッカーとは、最終的には人生や生活そのものであるからだ。必ず望ましい状態とそうではない状態の間に存在する。金持ちと貧乏人の間にある。それぞれのカラーの間にある。それぞれの戦争には固有の哲学と理由がある。背後には必ず歴史がある。それはときにとても興味深い歴史や哲学だ。だがあまり先に進むべきではない。

すべてを説明することなどできない。

人々はときに単純化してそれが可能のように思い込む。容易に理解可能と考えがちだが、その方向に進んで行くべきではないし、実際にそうではない。

例えば相撲をどう説明するのか。

サムライに関しても、なかなか説明しにくい。

どうしてサムライという身分ができたのか。日本の歴史はなぜそうなったのか。書物で読むことはできても、説明となると簡単ではない。どんな過程を経て、日本は天皇制国家になったのか。

ヨーロッパでは、国の成り立ちは比較的単純で、誰もが自分の国の成り立ちをわかっている。しかし日本は、天皇やサムライについて説明するのは簡単ではない。将軍が何であるのかわかってはいるが、背後のニュアンスは複雑で奥深い。

サッカーは芸術であり、哲学であり、人生そのものであるが、それを説明するのは簡単ではないし、そうであるべきなのだと私は思う。

サッカーに必要なものは何か。日本に足りないものは何か。メッシを見ればわかる。彼がスプリントするとき、相手は必ず彼の後ろを追いかけることになる。彼が意味なく走っているように見えても、彼は相手の注意を引き付けている。

敵は彼の後ろを走り、別の味方がその恩恵を受ける。彼のおかげでフリーになった味方が、そのチャンスを生かしてゴールを決める。他人のために走り、スペースや時間を作る選手。それが重要なもので、日本に足りないものだ。

——日本は本当に走っているのか

すべての能力を兼ね備えるべきだが、それよりも重要なことがある

私はこれまでの指導で、走ることの重要性を強調してきた。

だが、それは、ただ単に走ればいいというのではない。走りの質が問題で、大事なのはタイミングだ。

いつ、どうして、どこに走るのか。

よくいるのは、走り過ぎるぐらいに走るが、肝心なときに走らない選手だ。肝心なときとは、相手を混乱に陥れるときだ。走るために走るのでは意味がない。芸術のための芸術と同じで、何の役にも立たない。

よくいるだろう。タッチラインを割ろうとするボールにスライディングをして、観客の拍手を受ける選手が。旺盛なファイティングスピリットを見せることで、彼らは賞賛を受けている。悪いことではないが、ハリウッド的なサーカスとも言える。

重要なのは、いつ、どうしてそのプレーをするかをよく理解することだ。

つまりタイミングの問題で、サッカーにおいてはものすごく重要なことだ。いつ密集から抜け出すか、いつパスを出すのか、いつドリブルをして、いつシュートを打つのか……。テクニックも同じで、ボールコントロールの技術がいかに高くとも、それを行うべきときに行わなければ意味がない。

もちろんすべてに完璧であるべきだし、すべてができるように努力をすべきだ。すべての能力を兼ね備えるべきだ。

だが、タイミングよく走るための嗅覚——普通に走るのはいつで、とりわけスプリントするのはいつなのかを、的確に判断できる能力。また、いつドリブルをすればいいのか、ピッチ上の状況を正確に理解して、いつプレーを加速化するのかを的確に判断する能力。

この能力は何より重要である。

メッシを見ればわかる。彼がスプリントするときはつねに危険だ。相手は必ず彼の後を追いかけることになる。つまり彼はやろうとしていることを、うまくやっているわけだ。スタンドから見て、彼が意味なく走っているように見えても、彼は相手の注意を引き付けている。

敵は彼の後ろを走り、別の味方がその恩恵を受ける。彼のおかげでフリーになった味方が、そのチャンスを生かしてゴールを決める。

そんなふうにしてうまくやるべきなのだが、日本には同じようなプレーをする選手が誰もいない。

他人のために走り、スペースや時間を作る選手が。

高原直泰はそういうプレーができると考えたことが何度かあった。彼はドイツでの経験があるから、コレクティブなプレーを理解しているのではと思った。チームメイトにスペースを作るためのスプリントが、彼ならばできるのではと。だが現実は……。

サッカーとはそういうものだ。

チームメイトのためにスプリントをする。

誰もがチームのために走る。

立っているだけで動かなければ、敵を欺くことなどできない。選手の多くは自分のドリブルでどんな相手も抜けると考えているが、実際にそんなことは難しい。

それを理解したところから、今日のサッカーは始まっている。

世界的な傾向としてサッカーもどんどんスピードが速くなっている。

質の高いサッカーを実現したければ、チーム作りのスタートからスピードのある選手を選択せねばならない。

そうでないとすれば戦術眼を備えた選手だ。

選手を「どう」選ぶか。
スピーディーなサッカーの実現には、それ
が極めて重要だ。

——世界サッカーのトレンドとは

スピーディーな選手の次に選ぶべき人

他のスポーツと同様に、また世界的な傾向として、サッカーもどんどんスピードが速くなっている。

観客もスピーディなプレーを好む。どんなスポーツでも、人もマシンもどんどん速くなる。激しさが増せば、それだけ面白くなる。サッカーも同じで、昨日より今日のほうがプレーが加速化している。

ブラジルワールドカップを見ればそれは明らかで、優勝したドイツをはじめ、優れたクオリティを示したチームは、どこもスピーディーなスタイル――とりわけ縦方向の――を実践していた。他方でユーロ2016において、全般的にスペクタクルが感じられなかったのは、さまざまな理由からスピードが欠如していたからに他ならなかった。

それではより速くプレーするために、どんな選手を選び、どういうプレーをすればいいのか。

まずスタートの段階から、スピーディな選手を選択する。誰もが生まれながらにして速く走る能力を持っているわけではない。速く走れる能力を持って生まれたか否か。つまり選手をどう選ぶかはとても重要だ。

ここでミスが生じたのは、その前のプレーをしたこの選手を監督が選んだから、ということになる。その因果関係がある以上、それは監督の犯したミスだ。スピーディで質の高いサッカーを実現したければ、チーム作りのスタートからスピードのある選手を選択する。その選手たちと、スピーディなサッカーを追求していく。

その後に、彼らがテクニックに秀でているかどうかが問題になる。それはすぐにわかる。他の選手にはない才能を持っているかどうか。優れたアイディアを持つ選手、サビチェビッチ[注1]やピクシー[注2]のように天才的な能力を持つ選手だ。ピクシーは16歳のときに、すでにユース代表に入っていた。そこからしてすでに他の選手とは違っていた。彼のアイディアやパスは、20歳になったころの彼と同じだった。

才能は明らかであるからこそ、その選手たちをどういう方向にどうやって導いていいくかが、ある時期には非常に大事になる。個人主義の方向に導くのか、チーム全体を考える方向に導くのか。自分こそがチームだと考える選手は、それ自体がとても危険な存在ではある。他の選手たちの嫉妬心を誘発しやすいからだ。選手生命を絶たれる危険すらある。

そうでないとすれば、戦術眼に優れた選手だ。フランコ・バレージ[注3]は、私が思うにキャリアのスタートからそういうタイプだった。彼はつねに組織的にプレーし、必要なところにつねに存在し続けた。

つまり頭の中が、他の選手とは異なっていることをそれは意味する。ずっと成熟しているから、他の選手には見えないことが彼には見える。マルディーニ[注4]やネスタにしても、そういうところはあった。

彼らのような戦術眼は、恐らく練習で習得できる。監督にそうした知識があり、理解力のある選手がいたら、監督はその選手に最大限のものを与えることができる。それこそが大事なことで、優れた監督は選手を必要なところに置いて必要な能力を付与する。選手が自己を表現できるようにする。

フィジカルの問題は回復のほうである

バルセロナがそうだ。

メッシは前後左右自由に動く。メッシに右から動くなとか、左でプレーしろと動きを制限したら、彼は精神的に消耗し尽くしてしまうだろう。ピッチのどこにでも動ける自由を彼に与え、ドリブルで相手を何人もかわし、あるいはチームメイトとダイレクトにパスを交換する。そうしてこそ彼は生きる。

そのようにしてメッシを軸にチームを構築していく。同じように考え、つねに同じようにプレーができる選手たちによるチームだ。彼らはメッシを中心に、他の選手たちはその周囲でプレーする。３人目、４人目…、さらに多くが。メッシは自分のアイディアで、ボールを右に左に動かす。

そうしたプレースタイルは、監督が作り上げることもできる。ただそれには、監督もまた高い能力に恵まれている必要がある。そうでなければ、プレーがとても危険な状態に陥るからだ。

あとはフィジカルだが、フィジカルを強化する方法は、そう遠くない先に見つかるだろう。薬学の進歩が大きな助けになる。薬はサッカーをよくフォローしている。怪我をしてしまったとき、薬がすでにそこにある。

問題は試合後の回復のほうだ。選手に対するフィジカル面での要求はどんどん高くなっている。十分に回復するまでの時間が与えられずに選手は疲弊している。今のモチーフで言えば、ワールドカップでプラスアルファの力を発揮するための回復だが、スピード化の中で身体への負担がますます増大する今日において、解決策を見いだすのは簡単ではない。先日行われたユーロ2016でも、多くのチームがコンディション調整に悩んでいた。

うまく回復できないとなると、消耗し尽くして終わりだ。ピルでは回復できず、一杯のスピリッツでも回復できない。あまりに単純な現実だ。

1~2杯のウィスキーを飲んで、まるでウサギのように走らねばならない。それができるような何かを見いださねばならない。より高いレベルで、より安定したパフォーマンスを維持できるように。

ＧＫがもたらす新しい可能性

スピーディーなサッカーにおけるもうひとつの可能性がゴールキーパーだ。

ゴールキーパーが素早くプレーすれば、プレーそのもののスピードが加速化する。リズムも生まれ、それだけですでに悪くない。

ゴールキーパーに関しては、オランダが長くこのポジションで支配的だった。彼らのトレーニング方法に特徴があったからだ。オランダではゴールキーパーも、最初からプレーをすることが求められる。そこからすでに違いがあった。オランダではすべてのゴールキーパーがそうで、大きな進化を遂げていた。プレーに参加し、最後尾のリベロの役割を担っていた。

ドイツのノイアー[注5]も、ワールドカップでは何度もゴールから飛び出し、まるでリベロのようだった。本物のディフェンダーのようなプレーぶりだった。テクニックに優れ、味方にパスを簡単に渡せる。だからプレーがすぐに始まる。

もちろん今は、どこもゴールキーパーの進化に力を入れている。

というのも数的優位のプラスアルファを生み出せる唯一のポジションであるからだ。そこに優れた選手がいれば、うまくコンビネーションが取れるしフィールドプレイヤーのように活用できる。

とりわけ身体が大きく、タイミングよく飛び出して優れたアスリートであれば申し分ない。多くの可能性が開けてくる。

ゴールキーパーにはサッカーの未来がある。

注1：デヤン・サビチェビッチ。ユーゴスラビア代表で、ACミランなどで活躍した。
注2：ドラガン・ストイコビッチ。18歳でユーゴスラビア代表に選出。以降中心選手として活躍。1994年から名古屋グランパスでプレーした。
注3：フランコ・バレージ。セリエA優勝6回、チャンピオンズリーグ優勝3回（当時はチャンピオンズカップ）を経験するなど、ACミランの黄金期を作り上げたDFで主将。
注4：パオロ・マルディニとアレッサンドロ・ネスタ。ともにACミラン、イタリア代表として数々のタイトルを獲得した。

注5：マヌエル・ノイアー。バイエルン・ミュンヘンに所属するドイツ代表のゴールキーパー。現役最高のゴールキーパーの呼び声が高い。

ジャーナリストはものごとを的確に判断し、正しく評価をして欲しい。

不用意に騒ぎ立てることなく、不当に誰かを傷つけるようなことはせずに、優れた文章で表現して欲しい。

ものごとの悪い側面ばかりを見ようとはせず、

できるだけポジティブに捉えて書こうとする。人々が評価し、そこから何かを学べるようなものを。

ネガティブなものの中に、ポジティブな要素を見いだせるような——。

——サッカーとジャーナリストの関係

ノスタルジックでもロマンティックでもない関係

他者との関係とは、大きな幸福をもたらす一方でときにわずらわしいものでもある。しかし、その関係こそが自分自身、つまり私であれば私を、あなたであればあなたを形作っているということを忘れてはならない。

サッカー選手、監督としての私のパーソナリティは、私の他者に対する行動や、自分の仕事を通じて確立された。サポーターとの関係も重要で、私はつねに彼らの近くにいた。彼らとよく話をしたし、オープンであろうとした。彼らは選手や監督と話すことを好む。とりわけ彼らの問いかけに応えようとする人間と。質問はしばしば微に入り細に入り、サッカーとは関係なかったりもするが、彼らはそうした細かなことも好んで知りたがる。

ポジティブな側面も多い。ジェフのサポーターは、ボスニアのどのクラブよりもたくさんいた。練習にも毎日大勢がやってきて、その数はボスニア1部リーグの試合よりも多かった。彼らの存在は選手たちに、彼らの期待に応えねばならないという義務を与える。

練習を終えてピッチを離れるとき、サポーターが選手を囲んで祝福する。

それぞれの練習が、まるで試合のような雰囲気になる。

それが役に立った。選手は必然的に、全力でプレーしなければならないからだ。すべての練習がとても高いレベルで実践され、誰にとっても興味深いものになった。私にしてもそうで、ピッチサイドに椅子を持ち出してまるで試合のように見ることができた。

一方で、サポーターの問題はデリケートで、彼らにあまり近づき過ぎると危険だ。また、だからといって邪険にするとさらに危険だ。彼らにしてみれば裏切られた気持ちになる。それはクラブにとっても良くない。だが、ときにそうせざるを得ないときもある。つねに彼らのことばかりを考えて行動できるわけではないからだ。

つまりサポーターとの関係は、人が想像するほどノスタルジックでもロマンティックでもない。

ジャーナリストの生活も同じだろう。自分自身と自分の行動、取材した試合の内容が大事であって、それ以上ではない。

ただ、サポーターとの関係が、人生のある状況をコントロールするのに役立つこともある。というのもサッカーで大きな問題を解決しようと思ったときに、サポーターの意向に従わざるをえないことがあるからだ。メディアやジャーナリストも同様で、彼らとの関係をコントロールする術を学んだほうがいい。メディアの意見やサポーターの意向がクラブの政策に影響を与えるのは、サッカーの世界で日常的に起こっている。だからこそ対処が求められるし、彼らのことをよく知る必要もある。

何を好んでいるのか。

何を求めているのか。

そうしたことを彼らとの会話から学ぶ。

選手や監督にとって、ジャーナリストにとって、サポーターとの関係は適切なバランスと配慮がつねに求められる。

ディテールを保存しておく

私が思うにサッカーとは唯一無二の「氷の塊」であり、他に類のないオリジナルなひとつの人生だ。サッカーのすべての出来事、人生で起こるすべての出来事は、この氷の塊の中に見ることができる。氷の中に、社会の中の自分のイメージを見いだせる。自分が語ったすべての言葉、待ち望んでいるすべてのものとともに。それらは決して避けて通ってはならないものだ。

言葉も思いも氷の中で結晶化している。だからそれぞれのテーマごとにカットされたビデオテープを頭の中に持つべきだ。それぞれのビデオテープに、必要なものを映し込んで保存する。経験をそこに保存する。そして必要なときに取り出して見る。ディテールを保存しておけば、何かあったときに少なくとも確認することができる。

例えば今夜ここで話したことも、私は家に帰ると頭の中に保存する。これとこれとこれについて私たちは議論した。だから再び話す必要はないと。それが私の経験と言えるもので、明日、別のジャーナリストに会ったときに、さらに進んだ議論ができる。

ジャーナリズムにおいて重要であるのは、同じことを繰り返さないことだ。繰り返し同じことを語るのは他のジャーナリストたちの質問を無視したことになる。さらに進化していることを語るのであれば、それは誰にとっても私にも役に立つ。異なる論理、異なる言葉で語られるのは、そのテーマに魅入られているからであり、テーマを進化させているからに他ならない。真摯にサッカーを追いかけている証拠だ。明日や明後日のことを考えるのは、すでに進歩であると言える。それは人を無意味な質問から守ることにもなる。

私はそんなふうにして、以前からジャーナリストたちに答えてきた。自分の経歴を誇示するつもりはないが、そんなふうに生きていかねばならないし、考えていかねばならないと思っている。他の人々のために働き始めねばならないかも知れない。未来のために。未来は彼らためにあるのだから。

やるべきことは、この部屋を出て10人の人に会い、ここで今、私たちが議論したことを伝えることだ。そしてそれがその後どうなったかを検証する。そうすればわれわれが本当に進歩しているかどうかがわかる。

ジャーナリストはものごとを的確に判断し、正しく評価をして欲しい。不用意に騒ぎ立てることなく、不当に誰かを傷つけるようなことはせずに、優れた文章で表現して欲しい。

ものごとの悪い側面ばかりを見ようとはせず、できるだけポジティブに捉えて書こうとする。

ただ、書き手もしばしば間違いを犯すし、またいついかなるときもポジティブであるのもどうかとも思う。ときにポジティブではなくとも、真実を語らねばならないときがある。人々が評価し、そこから何かを学べるようなものを。

ネガティブなものの中にも、ポジティブな要素を見いだす。ポジティブなものを構築するために、ネガティブな要因を取り出して検証する。批評とは本来そうしたものだと私は思っているし、真の批評を実践するジャーナリストが増えて欲しいと願っている。

簡単だと思うのは大きな間違いだ。簡単なことなど何もないからだ。

練習を取り仕切って自分の考えを選手に伝える。

背後にどんな意図があるか理解することを求め、決して他人を模倣しない。

自分自身のやり方を確立する。
それこそわれわれが日本のために、これまで話し、試みようとしてきたことだ。

――日本のサッカーが目指すもの

理想的なトレーニングとは、試合に近い状態で行うものだ

グァルディオラやクライフらの本を買うことはできる。それを読むのは簡単だが、書かれた内容を選手に説明するのは難しい。選手たちに練習の雰囲気などを伝えるのは簡単ではない。どういうやり方をしていて何が優れているのか。どうしてこの練習から、彼らがピッチの上で実現したスタイルが可能になるのか……。

観客がいない以上、練習で試合の状況を完全に再現はできない。それでも理想的な練習を追求するのであれば、できるだけ試合に近い状態を練習でも作り出すようにする。選手を試合と同じ状況の中に置く。観客の眼やメディアの批判に晒されている状況だ。そうして選手を刺激する。

ただし、それをやるには労力もお金もかかる。考え方は正しいが、現実にできるかとなると難しい。ハンドボールやバスケットのように、人数もスペースも少ない競技ならまだ可能だが、サッカーはすべてが大きすぎる。

私にとって幸いだったのは、ジェフのサポーターはボスニアのどのクラブよりも多かったことだ。先にも述べたが、練習に毎日大勢がやってきて、選手たちに彼らの期待に応えねばならないという義務を与えた。

ジェフの監督に就任した私は、スタートからすべてを厳密にはじめた。すべてのトレーニングが私にとっては重要だった。試合と同じ重さがあった。

練習も試合と同じように真剣に取り組めない選手は、トップチームの練習に入れることはできない。彼らは真剣にやるべきことを理解し、練習でも練習試合でもつねに全力を尽くそうとした。その点ではまったく問題がなかった。

学ぶべきことも、選手たちは即座に理解した。速くプレーすること。ワンタッチでプレーすること。どうしてそうすべきかを説明すると、彼らは進んで理解しようとした。彼らもまたそういうプレーを好んだからだ。

彼らは自分たちが進歩していることを実感した。そして進歩し続ける限り、さらに喜びながら自発的に努力ができる。われわれはそうやって働き続け、リーグの順位も上位をキープし続けた。努力は実を結んだ。彼らはそこで満足することなく、さらなる進歩のための努力をした。私にとってもそれは喜びだった。

今、そうしたすべてを思い出すと、私はもし可能であるならもう一度同じことをしたい気持ちになる。

自分自身のやり方を確立する

オーストリアでも、後にジェフで起こったことが繰り返された。伝統もなく評判も高くはないチームの監督に就任した。シュトルム・グラーツはとても若いチームで、ジェフと同様に向上心に溢れていた。我々は同じように努力して2度のリーグ優勝を果たし、カップ戦にも勝った。ヨーロッパ（UEFAチャンピオンズリーグ）でもプレーした。実質的に状況はジェフと同じで、野心に溢れた若い選手がいて、働く条件も整っていた。

では、そんなチームを、監督はどう指導すればいいのか？

監督はできるだけ多くの時間を、自分自身と向き合うことに使うべきだ。どうしたら練習で選手に意図を伝えられるか。サッカーが明日どこに行くのか、自分は何を目指すのかをつねに意識して、練習をどうするか決める。というのもサッカーは、それだけ変化が激しいからだ。

監督のライセンスを持っていても、能力が伴わなければ何の意味もない。テストの点数だけ良くても役には立たない。監督の向き不向きは、養成講座からはなかなか判断できない。アイディアを持っているのかどうかはとても大事なことだ。

同じ言葉がどこにも蔓延している。監督の数も多すぎる。選手を引退したものたちが、監督になる機会をうかがっている。彼らは簡単に監督になれると考えている。だが簡単だと思うのは大きな間違いだ。簡単なことなど何もない。

練習を取り仕切って自分の考えを選手に伝える。背後にどんな意図があるか理解することを求め、決して他人を模倣しない。自分自身のやり方を確立する。それこそわれわれが日本のためにこれまで話し、試みようとしてきたことだ。

すべてに加速化する時代であるからこそ、ときに立ち止まって落ち着いて考える。
私の言葉はその際のヒントになるかも知れないし、ならないかも知れない。
疑問があれば遠慮なく言って欲しい。
どんなテーマであれ、議論は常に実りあるものになり得るのだから。

イビチャ・オシム

訳者プロフィール

田村修一

1958年7月27日千葉県千葉市生まれ。早稲田大学院経済学研究科博士課程中退。モータースポーツ関連の翻訳を経てサッカーは91年より本格取材を開始。現在は『Number』誌や『France Football』誌、『L'Equipe Magazine』誌などに寄稿。Number Webでは「ワインとシエスタとフットボール」をときどき連載。2007年よりバロンドール（現FIFAバロンドール）選考委員（投票委員）。2013年よりAP Global Football 10投票委員。著書に『トルシエ革命』（新潮社、P・トルシエとの共著）、『オシム　勝つ日本』（文藝春秋）など。

協力・大野祐介（アスリートプラス）

イビチャ・オシム

１９４１年5月6日、旧ユーゴスラビア（現ボスニア・ヘルツェゴビナ）生まれ。選手時代、64年東京五輪出場や68年欧州選手権準優勝など旧ユーゴスラビア代表として活躍。その後、古巣・ジェレズニチャル（サラエボ）の監督を務め、86年に旧ユーゴスラビア代表監督に就任。90年イタリアW杯ベスト8を果たす。２００３年ジェフユナイテッド市原（当時）の監督就任。06年7月から07年11月まで日本代表監督を務めた。

ベスト新書 519

急いてはいけない

加速する時代の「知性」とは

二〇一六年九月二〇日　初版第一刷発行

著者◎イビチャ・オシム

発行者◎栗原武夫
発行所◎ＫＫベストセラーズ
東京都豊島区南大塚二丁目二九番七号　〒170-8457
電話　03-5976-9121（代表）
印刷所◎近代美術株式会社
製本所◎ナショナル製本協同組合
ＤＴＰ◎株式会社三協美術

ISBN978-4-584-12519-9 C0230